T0107909

LE SPINOZISME

BIBLIOTHÈQUE D'HISTOIRE DE LA PHILOSOPHIE

Fondateur H. GOUHIER   Directeur E. CATTIN

Victor DELBOS

LE SPINOZISME

PARIS

LIBRAIRIE PHILOSOPHIQUE J. VRIN

6, Place de la Sorbonne, V e

2015

© *Librairie Philosophique J. VRIN*, 2005

pour la présente édition

Imprimé en France

ISSN 0249-7980

ISBN 978-2-7116-1508-7

www.vrin.fr

AVANT-PROPOS[*]

J'avais laissé paraître plusieurs de ces leçons sur le Spinozisme dans la *Revue des Cours et Conférences* à la demande de son Directeur, mon collègue et ami M. Fortunat Strowski. Il m'a semblé dès lors que je n'avais plus de raisons pour me refuser à publier le cours dans son entier. Ce qui a achevé de me décider à cette publication, c'est l'impossibilité où j'ai été jusqu'à présent de rééditer avec les modifications nécessaires mon livre, depuis longtemps épuisé, sur *Le Problème moral dans la Philosophie de Spinoza et dans l'Histoire du Spinozisme*. Mes leçons n'avaient pas à considérer la pensée spinoziste tout à fait sous le même aspect que mon livre; mais elles ne pouvaient pas ne pas rencontrer, même sans les signaler, les interprétations que j'en avais autrefois tentées : elles les ont peut-être confirmées sur certains points; sur d'autres elles les ont complétées, sur d'autres délibérément rectifiées.

La rédaction de ce Cours a supprimé les formes de langage et tous les développements accessoires que comporte l'enseignement public; elle a, en retour, multiplié plus qu'il ne le permet les indications de textes et les références précises.

---

[*] Les numérotations portées en marge font référence aux pages de la première édition parue en 1916.

LES CONDITIONS GÉNÉRALES
DE L'ÉTUDE DU SPINOZISME

De quelle façon convient-il d'aborder le spinozisme pour en embrasser le mieux possible tout le sens?

L'œuvre principale de Spinoza, l'*Éthique*, est écrite à la manière des livres de géométrie; elle affecte ainsi jusque par sa forme extérieure la prétention de ne rien soutenir qui ne soit ou immédiatement évident ou démonstrativement établi. Le mieux n'est-il donc pas de tâcher de suivre la série régulière des propositions et des preuves, comme si l'on s'appliquait à comprendre un traité de géométrie?

Mais, sans affirmer ou sans insinuer que l'appareil mathématique soit chez Spinoza simplement intervenu du dehors, on peut cependant se demander si les définitions qui ouvrent l'*Éthique*, et qui portent sur la *cause de soi*, la *substance*, l'*attribut*, le *mode*, *Dieu*, sont intelligibles pour nous comme le sont les définitions géométriques initiales? Celles-ci, soit par la simplicité réelle de leur contenu, soit par l'appel qu'elles font à l'intuition, peuvent être saisies d'emblée dans toute leur signification; tandis que les définitions par lesquelles débute l'*Éthique* supposent derrière elles, sous leur apparente simplicité, un long effort d'élaboration | technique, empruntent la **8** plupart de leurs éléments à des concepts fournis et développés par les philosophies antérieures, et, avant d'être des points de départ, sont des points d'arrivée.

De plus, quelle que soit la force du lien logique qui enchaîne les propositions successives de l'*Éthique*, il est incontestable que l'objet de ces propositions ne peut s'entendre que par rapport à un certain état des questions philosophiques. Montrer que Dieu est la substance unique ou qu'il n'y a pas de volonté libre, c'est répondre d'une certaine manière à des problèmes antérieurement posés, et dont les solutions antérieures permettent seules de marquer le sens et la portée des solutions spinozistes. Une interprétation exacte et complète de la philosophie de Spinoza ne saurait se dispenser d'une connaissance des rapports de diverses sortes – rapports de dérivation, d'opposition, de transformation, de combinaison – qu'il y a entre les concepts fondamentaux de l'*Éthique* et les concepts des philosophies précédentes.

Enfin il n'est pas seulement nécessaire de remettre le spinozisme dans l'histoire et de le faire entrer dans la suite des doctrines; il faut aussi rappeler quelles préoccupations essentielles ont déterminé chez son auteur le besoin de le former. Or, si le problème que se pose avant tout Descartes, c'est le problème de la certitude dans la science, le problème que se pose avant tout Spinoza, c'est le problème de la santé de l'âme, de la liberté vraie et de la béatitude. Les termes de ce problème et la solution vers laquelle il tend dominent l'ordre, purement spéculatif en apparence, de la démonstration objective.

9 Par là nous sommes amenés à la considération de la | vie et de la personnalité de Spinoza, au rappel des circonstances qui lui fixèrent comme tâche la libre recherche d'une règle de conduite, à l'analyse de son genre d'esprit, et des intimes rapports qu'eut chez lui la curiosité intellectuelle avec le besoin de conquérir la plénitude de son existence et de réaliser la perfection de sa destinée.

Par là aussi nous pouvons comprendre comment, pour produire le système de l'*Éthique*, la raison a dû se combiner avec le sentiment religieux profond qui avait survécu dans l'âme de Spinoza à la répudiation de sa foi première, et qui lui avait fait désirer ou accepter le contact avec certaines sectes chrétiennes. Ce n'est pas le pur problème moral que s'est posé Spinoza; il ne s'est pas simplement demandé: Que dois-je faire? mais: Que dois-je faire pour être sûr d'être heureux? Plus précisément encore dans la façon dont il entend le bonheur ou le bien à obtenir, il fait entrer l'idée de ce que la conscience religieuse appelle le salut. Or cette idée représente la destinée de l'homme comme une alternative entre la mort éternelle et la vie éternelle; elle enveloppe la conviction que, pour l'œuvre de la nouvelle naissance, il faut plus que la vertu isolée de l'effort individuel, mais avant tout une coopération de la Puissance ou Réalité infinie, à laquelle nous sommes immédiatement unis. Le salut est dans l'amour de Dieu, dans l'union immédiate et indissoluble de l'âme avec Dieu, de telle sorte qu'elle n'aime rien qu'en lui et que par lui. Cette affirmation se reproduit constante à travers toute l'œuvre de Spinoza.

Seulement le lien qui la rattache à la position du problème est d'une autre sorte que celui que fournit la Religion, juive ou chrétienne. La valeur et l'efficacité | souveraines de l'amour 10 de Dieu ne dépendent pas de l'autorité d'une révélation et d'un commandement externes; elles nous sont manifestées et assurées par une connaissance rationnelle. Or cette connaissance rationnelle établit, d'après Spinoza, une coïncidence parfaite entre l'acte par lequel nous aimons Dieu et l'opération par laquelle Dieu nous produit, non comme des êtres indépendants, mais comme des modes de sa substance. Une métaphysique panthéiste peut donc seule justifier ce qui a été accepté comme la solution vraie du problème: métaphysique dont le thème essentiel, avant de se développer logiquement, s'est sans doute imposé à Spinoza dans une sorte d'intuition, et a cherché ensuite les moyens de s'ordonner et de se rendre évident.

Mais il ne suffit pas de discerner l'intuition première dont cette métaphysique est l'expression ou le produit pour déclarer qu'elle est un facteur irréductible et suffisant de la pensée de Spinoza. Car d'une part cette intuition est moins simple qu'on ne dit et procède en outre d'antécédents historiques certains ; et d'autre part, si l'originalité de Spinoza comme homme consiste à l'avoir possédée avec une énergie particulière, son originalité de philosophe consiste à l'avoir fixée dans des concepts en accord avec la science nouvelle ou même suggérés par elle. Le spinozisme s'est constitué et il a agi par l'organisation intellectuelle qu'il s'est donnée.

Cette organisation intellectuelle, il l'a due sans doute d'abord à Descartes et peut-être faut-il avant tout, quand on recherche de quelles influences relève la doctrine de l'*Éthique*, commencer par la confronter avec le cartésianisme. Mais il 11 faut aussi se garder de croire | que le cartésianisme s'est mué en spinozisme par une sorte de logique fatale ; dans l'usage qu'il a fait et dans l'appropriation qu'il a opérée d'éléments cartésiens. Spinoza a apporté une pensée spécifiquement différente de celle de Descartes, parfois même nettement opposée à celle de Descartes.

À l'influence de Descartes, il faut joindre l'influence de la littérature juive, philosophique et exégétique, du Moyen Âge, même en quelque mesure, l'influence de la Kabbale ; l'influence, aussi, du néo-platonisme panthéistique et naturaliste de la Renaissance ; l'influence, enfin, de certains scolastiques récents qui offraient des définitions et des explications de concepts sur lesquels la métaphysique cartésienne avait peu ou n'avait point porté.

Ces multiples influences sont certainement délicates à démêler, d'autant qu'elles ne sont point exercées de la même façon et qu'elles ont eu des effets très inégaux ; mais si, à tâcher de les relever, on peut gagner de mieux marquer la place du spinozisme dans le développement de la pensée philosophique, et de mieux comprendre ce qu'il a voulu dire ou ce qu'il a réussi à être, on ne doit jamais perdre de vue qu'il s'est proposé avant tout d'exister comme système et qu'il a existé comme tel. L'analyse des facteurs très divers dont le spinozisme a pu résulter ne serait qu'un procédé superficiel et faux, aussi contraire aux conditions de la recherche positive qu'à tout esprit philosophique, si elle prétendait se suffire, sans suivre les degrés et les progrès de l'unité rationnelle que le spinozisme a tâché de réaliser par delà toutes ces influences.

Dans les leçons qui composeront ce Cours, nous ne | songeons pas, tant s'en faut, à exécuter tout ce programme 12 d'une étude du spinozisme. Notre intention est d'insister principalement sur cet effort de construction et de coordination systématique par lequel Spinoza a tenté d'égaler l'évidence intellectuelle de sa doctrine à la puissance de l'idée profonde qui l'animait. Nous n'appliquerons pas le procédé qui vise à représenter le système en raccourci, comme se développant de lui-même en vertu de la force logique de certains concepts. Mais nous éviterons également de le résoudre en de simples éléments de fait, dispositions personnelles, formules empruntées ou arrangées, dont il ne serait, sous un appareil rigoureux, que l'artificiel assemblage. Sans nous attarder à des conjectures sur la genèse historique ou psychologique de la doctrine, nous voudrions surtout montrer ce qu'a été le travail proprement philosophique de la pensée de Spinoza, quelles en ont été les principales phases, par quelles assimilations, par quelles exclusions, par quelles inventions il a abouti à la doctrine de l'*Éthique*. Nous userons beaucoup à cet effet du *Court Traité*; car, si la doctrine en ses traits essentiels y apparaît déjà formée, elle est bien loin d'y être achevée; elle a encore beaucoup à conquérir en netteté, en rigueur analytique, en puissance de compréhension, même en cohérence. Par ces imperfections mêmes, le *Court Traité* met mieux à découvert que l'*Éthique* le noyau de conceptions primitives qui est au centre de l'organisation du système. En nous présentant cette organisation sur bien des points à l'état d'ébauche, il nous laisse mieux présumer de quels matériaux elle est partie et quelles liaisons elle a déjà opérées; d'autre part il nous fournit, pour mesurer les progrès ultérieurs de cette organisation vers **13** le système tel que l'expose | l'*Éthique*, un terme constant et sûr de comparaison.

Autant que ce dessein, les limites de ce Cours nous forceront de laisser de côté dans l'œuvre de Spinoza ce qui a été simplement application ou accommodation, à savoir, sa doctrine politique et sa doctrine sur les rapports de la philosophie et de la foi. C'est au système de l'*Éthique* que nous nous attacherons exclusivement, mais pour l'expliquer, autant qu'il nous sera possible, par la méthode et dans l'esprit que nous venons d'indiquer.

L'EXPRESSION PREMIÈRE DU PRINCIPE
DE L'UNITÉ DE SUBSTANCE
CHEZ SPINOZA

La première partie de l'*Éthique* contient, entre autres, deux propositions qui représentent éminemment la doctrine de Spinoza sur Dieu. C'est d'abord la proposition XIV : *Praeter Deum nulla dari neque concipi potest substantia*, « Il ne saurait y avoir et l'on ne peut concevoir d'autre substance que Dieu ». C'est ensuite la proposition XVIII : *Deus est omnium rerum causa immanens, non vero transiens* (Dieu est la cause immanente, non transitive, de toutes choses). Et cette dernière proposition est démontrée par une double référence, l'une directe, l'autre indirecte, à la proposition XIV ; la signification des deux termes qu'elle emploie, *cause immanente, cause transitive*, définie et transmise par la scolastique, empruntée par Spinoza, nous le savons, à un scolastique teinté de cartésianisme, Heereboord, est expliquée dans le *Court Traité* : « Dieu est une cause immanente et non transitive, en tant qu'il agit en lui, et non hors de lui, puisque rien n'existe hors de lui »[1].

_____

1. Première partie, chap. III, p. 71 de la traduction Appuhn. Pour toutes les citations et références qui exigent une indication de page, nous renvoyons à

15   Certes, les concepts mis en œuvre dans l'*Éthique* | pour préparer ou constituer la preuve de ces deux propositions, concepts de *cause de soi*, de *substance*, d'*attribut*, ont à certains égards une origine cartésienne ; mais ils ont subi des transformations de sens que le cartésianisme n'impliquait pas, et ils se sont prêtés à des usages que le cartésianisme comportait encore moins. L'esprit panthéistique qui se traduit chez Spinoza par l'emploi et la combinaison de ces concepts n'est pas né de ces concepts mêmes ; il a d'autres sources, non seulement sentimentales, mais philosophiques ; et c'est même plutôt à l'encontre de Descartes qu'il s'est d'abord manifesté.

Reportons-nous au premier des deux *Dialogues* insérés dans le *Court Traité* (malgré certaines objections faites par Freudenthal, il y a lieu de continuer à croire que c'est là la plus ancienne expression que nous ayons de la pensée de Spinoza.). Ce *Dialogue* met en scène l'*Entendement*, l'*Amour*, la *Raison* et la *Concupiscence*. À la question que pose l'*Amour*, et qui est de savoir s'il existe un Être souverainement parfait qui ne soit limité par aucun autre, l'*Entendement* et la *Raison* sont d'accord pour répondre qu'il existe un tel Être et que cet Être est la Nature conçue comme une, éternelle, infinie. Contre cette affirmation, la *Concupiscence* fait valoir la diversité des choses et des êtres ; elle invoque en particulier l'hétérogénéité de la substance étendue et de la substance pensante, et la difficulté de les accorder avec une substance qui soit parfaite en tout. Qu'a donc à faire l'*Amour*, sinon s'attacher à ce que la *Concupiscence* lui montre ? – L'*Amour* voit au contraire sa perte dans ce que la *Concupiscence* lui propose comme objet,

l'édition des œuvres de Spinoza par Van Vloten et Land en 2 t. in-8° (1882-1883) ; pour celles seulement qui se rapportent au *Court Traité de Dieu, de l'homme et de la santé de son âme*, dont le texte nous est parvenu en hollandais, nous renvoyons à la traduction française de ce Traité qu'a donnée Ch. Appuhn dans le premier volume de ses *Œuvres de Spinoza traduites et annotées*.

et la *Raison* reprend en proclamant la fausseté de la thèse selon laquelle | il y a diverses substances distinctes, en proclamant la **16** vérité de la thèse selon laquelle il n'y a qu'une substance unique, qui subsiste par elle-même et qui est le soutien de tous les attributs réels. De même que l'on considère l'étendue et la pensée comme des substances à l'égard des modes qui en dépendent, de même on doit les considérer comme des modes à l'égard de la substance dont elles dépendent. – La *Concupiscence* ne désarme pas, et voici la difficulté qu'elle oppose à la *Raison* : convertir ce qu'on appelait jusqu'alors des substances en de simples modes d'un être unique, c'est envisager la Réalité comme formant un seul Tout ; mais le tout en dehors de ses parties n'a pas d'existence : il n'est qu'un être de raison. L'Être unique, éternel et infini n'est donc qu'une abstraction. En vérité, la *Raison* confond le Tout avec la Cause ; l'étendue et la pensée, telles qu'elle les comprend, doivent être, par rapport à l'Être infini et éternel, non comme des parties par rapport au tout, mais comme des effets par rapport à la cause ; et la cause, en tant qu'elle produit ses effets, est en dehors de ces derniers. En d'autres termes, selon les conclusions de la *Concupiscence*, comme Tout différent des parties, l'Être infini n'est rien ; comme Cause de certains modes, il est bien réel, mais, à ce titre, distinct de ses effets. – La *Raison* répond en dénonçant l'équivoque des termes : si la *Concupiscence* peut ainsi raisonner, c'est qu'elle ne connaît qu'une sorte de cause, la cause transitive, dont les effets se produisent hors d'elle, tandis qu'il est un autre genre de cause, la cause immanente, dont les effets restent à l'intérieur d'elle. Une cause immanente peut être donc dite aussi un tout, en ce sens que ses effets, qui sont en elle, ont en elle leur unité. Ainsi | Dieu est la cause immanente des êtres qu'il fait être, et il **17** forme avec eux un tout, le Tout.

Tel est le sens de ce premier *Dialogue* : on y trouve très
nettement énoncées les deux propositions essentielles que
nous avons relevées dans la première partie de l'*Éthique* ; mais
on les trouve sans la technique de définitions et de preuves
dont le cartésianisme fournira plus ou moins les éléments.
Et d'abord ici apparaît manifestement la liaison, qui dans
l'*Éthique* n'est guère annoncée que par le titre ou qui ne se
révèle que par les dernières parties de l'œuvre, entre le
problème éthico-religieux posé par Spinoza et la conception
de l'unité de substance. C'est l'*Amour* qui, aspirant à un objet
capable de le contenter pleinement, demande à l'*Entendement*
et à la *Raison* de lui faire connaître cet objet ; et c'est la
Concupiscence qui tente d'abaisser et d'éparpiller l'*Amour*
en lui représentant par une fausse image la distinction et le
morcellement des êtres. L'affirmation de l'unité de l'Être
apparaît dès lors à Spinoza comme la seule garantie de certitude pour l'*Amour*, de même que ce sont les aspirations profondes de l'*Amour* qui suscitent, de la part de la *Raison*, cette
affirmation. Entre la Métaphysique panthéiste et les conditions de la vie morale ou religieuse, il y a ici une intimité de
rapports tout à fait étrangère et opposée à la pensée de
Descartes.

En outre, à ce moment, il n'a pas paru à Spinoza que le
cartésianisme pût être à quelque degré la doctrine de la Raison.
Spinoza connaissait-il même alors Descartes ? On a prétendu
que non (Avenarius). Mais le contenu du *Dialogue* prouve
qu'il le connaissait, peut-être superficiellement, néanmoins
encore assez pour le traiter en ennemi plutôt qu'en allié possi-
ble. | C'est une doctrine cartésienne, la doctrine de l'hétéro-
généité et de la distinction des substances, qu'il met dans la
bouche de la *Concupiscence*. Ce qu'il y oppose d'emblée, non
sans quelque hauteur, c'est l'idée de l'unité de l'Être. Il ne
paraît pas soupçonner le parti qu'il pourrait tirer de la doctrine

cartésienne pour concentrer en Dieu toute puissance causale, ainsi que le feront les occasionalistes, et pour s'assurer ainsi une sorte de droit logique à concentrer en Dieu tout être.

À la vérité, continuateurs plus authentiques de la pensée de Descartes, les occasionalistes ne rapportent à Dieu seul toute puissance causale que pour en destituer radicalement la nature : ils n'amalgament point à l'idée de la causalité divine l'idée d'une nature qui, dans son unité et dans sa totalité, serait adéquate à cette force infinie de production; ils sont plutôt anti-naturalistes. C'est, au contraire, un des traits les plus saillants de ce premier *Dialogue*, que Spinoza y pose dès l'abord l'équation de Dieu et de la Nature, qu'il y affirme énergiquement, contre toute pensée de distinction ou de limitation, l'unité foncière et l'infinité de la Nature, afin de pouvoir égaler la Nature à Dieu. Cette affirmation est donc, dans le spinozisme, antérieure à la mise en œuvre des concepts cartésiens, et elle subsistera sous la forme cartésienne par laquelle elle va travailler à s'expliquer et à se justifier.

Lorsque, en effet, dans la première partie du *Court Traité*, Spinoza emploie pour définir Dieu des notions qu'il a prises à Descartes en les transformant, il attribue à la Nature juste les mêmes caractères qu'à Dieu : elle est constituée par des attributs infinis, dont chacun en son genre est parfait. Et c'est ce qui lui permet de justifier sa proposition capitale, qu'il n'y a dans | l'entendement divin ni d'autres substances ni d'autres attri- 19 buts que ceux qui existent réellement dans la Nature. À toute existence fictivement conçue comme possible en dehors de ce qui est réellement, Spinoza oppose la Nature comme la manifestation de tout ce qui est véritablement possible sous l'aspect de l'être actuel. Le dualisme cartésien de la pensée et de l'étendue ne s'oppose plus absolument, il se subordonne à l'affirmation de l'unité de la Nature; s'il existait des substances distinctes ne se rapportant pas à un seul et même Être, leur union serait impossible. Or la Nature nous présente cette union profonde des êtres distincts et exprime par là sa radicale unité. Ainsi l'unité de substance, qui dans l'*Éthique* sera conclue par voie logique et conceptuelle, est résultée d'abord, dans la pensée de Spinoza, d'une affirmation première et en quelque sorte préalable : l'affirmation de l'unité et de l'infinité de la Nature, par où la Nature était identifiée avec Dieu. Dans l'*Éthique* même, où l'Être un et infini est appelé plus exclusivement Dieu, où le rationalisme des concepts paraît maîtriser dans une certaine mesure le naturalisme primitif de la pensée de Spinoza, l'expression « Dieu ou la Nature » revient encore : *Æternum illud et infinitum ens quod Deum seu Naturam appellamus*, est-il dit notamment dans la *Préface* de la 4e partie de l'*Éthique*.

D'où est donc venue à Spinoza cette idée de la Nature une et infinie ? – De la philosophie de Giordano Bruno, répondent plusieurs historiens, en particulier Christoph Sigwart, qui, après avoir soutenu cette thèse dans son livre *Spinoza's neuentdeckter Tractat* (1866), a, dans le commentaire dont il a accompagné sa traduction allemande | du *Court Traité*, multiplié les citations de formules de Bruno analogues aux formules de Spinoza. Mais de tels rapprochements, si nombreux qu'ils soient, ne sauraient porter jusqu'à l'évidence la thèse que Spinoza s'est directement inspiré de Bruno ; et il ne serait sans doute pas impossible d'opérer autant de rapprochements du même genre entre Spinoza et d'autres philosophes aux tendances plus ou moins voisines, tels que Patrizzi, Cesalpini, Campanella. Il reste cependant vraisemblable que Spinoza a dû s'assimiler de quelque façon le panthéisme naturaliste de la philosophie de la Renaissance, en ce que ce panthéisme avait de contraire à l'esprit dualiste, et plus généralement à l'esprit de distinction et de limitation au moyen de concepts finis. Ce panthéisme naturaliste pouvait sans doute avoir, pour ce qui est de la question des rapports de Dieu et du monde, plus d'un trait commun avec certaines doctrines juives ou arabes qui avaient contribué à l'éducation intellectuelle de Spinoza; mais que Spinoza s'en soit plus directement inspiré, c'est ce que l'on serait tenté de croire pour ce motif tout psychologique, que dans sa lutte contre les représentants de l'orthodoxie juive ou chrétienne il devait prendre plus naturellement pour point d'appui la spéculation liée à la science et à la culture modernes que les théories élaborées dans un passé lointain. Ces dernières théories ont certes agi sur lui, mais d'une autre façon, et peut-être pour d'autres effets. Elles ont entretenu ce qu'on pourrait appeler la partie supérieure et les éléments plus spécialement théologiques de son panthéisme. Mais ce que Spinoza devait être le plus empressé à faire valoir, c'était l'esprit de la science nouvelle. Or le panthéisme de la Renaissance, sans exclure, tant s'en faut, des principes | et des éléments théologiques, **21** était sous une forme grandiose et hardie une expression de la tendance à libérer l'étude de la nature de toute limite imposée du dehors, et pour cela à libérer la nature même de toute limite. Dans un premier moment d'ivresse, la conquête de l'auto-nomie de la pensée avait réalisé, porté à l'infini, divinisé cet objet essentiel de curiosité qu'est la Nature, et que la rigidité des formes et des distinctions scolastiques paraissait avoir artificiellement borné et morcelé.

Que s'associant à ces dispositions, Spinoza, en face du dualisme de Descartes, ait commencé par se sentir anti-carté-sien, on peut le comprendre, après l'avoir constaté. Mais l'on peut comprendre aussi pourquoi il a été conquis par la philo-sophie de Descartes, de façon à y voir un moyen d'initiation à la vérité, de façon surtout à l'employer comme l'instrument le plus propre à convertir sa pensée en doctrine. L'*Amour*, dit-il au début du premier *Dialogue*, ne peut tenir son être et sa perfection que de l'existence et de la perfection de l'objet suprême représenté par l'entendement. Si Spinoza avait été homme à se contenter de vraisemblances et de constructions spéculatives ingénieuses, peut-être que les brillantes imaginations de la philosophie de la Renaissance lui eussent suffi. Mais pour lui-même et pour la solution du problème qu'il voulait résoudre il lui fallait un mode de connaissance plus rigoureux et plus certain. Colerus, dans sa *Biographie*, lui prête cette déclaration, qu'il avait appris de Descartes à ne rien admettre qui n'eût été établi par de solides raisons, et qu'il avait reçu de lui les plus grandes lumières pour l'explication de la nature. Certes la physique cartésienne, par la clarté de ses principes | et de sa déduction, devait particulièrement convenir à ce que l'esprit de Spinoza avait de précis et de positif. Seulement cette physique, toute géométrique, ramenant la matière à l'étendue et les lois du mouvement à des rapports mathématiquement déterminables, impliquait au fond le dualisme. Restait à voir si le dualisme, par les concepts mêmes sur lesquels il reposait, n'était pas capable d'appeler l'unité dont il semblait tout d'abord l'ennemi. Le défaut du cartésianisme ne serait-il pas simplement d'avoir limité la portée de ces concepts, de les avoir fait jouer dans un monde et pour un monde divisé et fini, alors qu'en eux-mêmes ils enveloppent l'Un et l'Infini ?

C'est ainsi que Spinoza fera de la philosophie de Descartes, réformée et transformée, l'instrument de démonstration, ou mieux encore, le moyen de constitution de sa doctrine comme doctrine. C'est ainsi qu'il rationalisera l'intuition qui est à l'origine de son système, mais qui, comme telle, n'eût eu que la valeur d'une aspiration sentimentale ou d'un souvenir plus ou moins fidèle.

LA JUSTIFICATION RATIONNELLE DU PRINCIPE
DE L'UNITÉ DE SUBSTANCE

Nous avons essayé d'établir précédemment, surtout par l'analyse du premier des deux *Dialogues* insérés dans le *Court Traité,* que la conception de l'unité de substance non seulement ne s'était pas formée dans l'esprit de Spinoza sous l'influence de Descartes, mais encore que, dans son expression spontanée, elle s'était vivement tournée contre Descartes et le dualisme cartésien. Il nous a semblé que si cette conception ne pouvait avec certitude être dérivée de la philosophie de Giordano Bruno prise nommément et isolément, elle devait cependant avoir été inspirée en quelque mesure à Spinoza par le panthéisme, néo-platonicien et naturaliste, des doctrines de la Renaissance, dont la philosophie de Bruno n'est que l'un des échantillons. Mais, telle quelle, elle fût restée sans doute chez Spinoza une pure intuition sans valeur philosophique rigoureuse, si elle ne s'était servie du cartésianisme pour se convertir en doctrine et pour tâcher de participer de la certitude de la science nouvelle. Si dès le moment où il se pose le problème capital à ses yeux – le problème du salut de l'âme –, Spinoza est convaincu que la solution de ce problème est dans l'amour de Dieu, dans l'union immédiate et entière de notre être avec l'Être infini, il déclare aussi très nettement que l'amour sûr et

constant dépend de la connaissance parfaite de son objet. En
24 lui donc le besoin d'un savoir précis, | bien démontré, égale et
corrobore sa conception panthéistique première. On comprend
dès lors qu'il ait été attiré et retenu, à mesure qu'il connaissait
mieux Descartes, par les règles cartésiennes sur l'évidence,
ainsi que par une physique dont les principes clairs, exactement définis, logiquement développés, l'emportaient considérablement en force probante sur les spéculations aventu-
reuses et à demi poétiques des philosophes de la Renaissance.

Le cartésianisme a donc été employé à la justification
rationnelle d'une conception première qu'il n'admettait
point et qu'il n'avait point fournie. Le cartésianisme seul? –
Freudenthal, dans un article, *Spinoza und die Scholastik*,
qui fait partie d'un volume jubilaire en l'honneur d'E. Zeller,
Philosophische Aufsätze (1887), a heureusement et justement
montré la grande part qui revient à la tradition scolastique
générale ou à certains écrivains scolastiques récents dans l'élaboration du système spinoziste, soit que Spinoza s'approprie,
comme il le fait souvent, des formules ou des thèses de l'École,
soit qu'il s'y oppose, comme il le fait parfois. Mais dans ce
même article Freudenthal reconnaît que la philosophie de
Descartes est remplie aussi d'éléments et de termes empruntés
à la scolastique; de telle sorte que les emprunts de Spinoza à la
scolastique, signalés par Freudenthal, paraissent avoir été
faits– non pas tous, mais un bon nombre – par l'intermédiaire
de Descartes[1]. Le cartésianisme reste donc, sans conteste, le
principal instrument de la constitution du système de Spinoza.
Dans quelle mesure se prête-t-il de lui-même à ce rôle, dans
quelle mesure doit-il subir des changements et peut-être des
25 altérations pour s'y prêter, | c'est ce qu'il faut tâcher de définir.
Mais, reproduit ou transformé, il a été pour les idées spinozistes

---

1. Voir là-dessus Étienne Gilson, *Index scolastico-cartésien*, Paris, Vrin,
1979.

beaucoup plus qu'un vêtement extérieur : il en a déterminé ou atteint la signification interne ; il en a opéré la liaison de telle sorte qu'il peut paraître en avoir créé l'unité première, alors qu'il n'avait pas à la créer, mais seulement à tâcher de la saisir et de la représenter rationnellement.

De la conception panthéiste qui animait l'intelligence de Spinoza, il a dû d'abord contribuer à sauvegarder et à renforcer l'élément théologique. Peut-être Spinoza, en prononçant l'identité de Dieu et de la Nature, tendait-il d'ailleurs par lui-même plutôt à élever la Nature jusqu'à Dieu qu'à abaisser Dieu jusqu'à la Nature.

Cette tendance, un peu indécise dans le premier *Dialogue*, se manifeste parfaitement dans le *Court Traité*. Le *Court Traité* s'ouvre par les preuves de l'existence de Dieu ; avant de rechercher ce que Dieu est, Spinoza s'efforce d'établir que Dieu est ; et sa démonstration, directement empruntée à Descartes, a un caractère théiste général, et point du tout spécifiquement panthéiste. Certainement cette adoption des thèses et des preuves cartésiennes a pour effet de poser ou de maintenir Dieu dans la lumière de la raison au lieu de le laisser déchoir vers des puissances productrices obscures ; elle marque que c'est bien une doctrine proprement dite de Dieu qu'il s'agit de constituer, et non pas une doctrine de la Nature infinie, simplement affublée d'une forme théologique. Spinoza accepte donc pleinement là-dessus le rationalisme de Descartes, et même il le pousse à l'extrême ; car il déclare pour la preuve *a priori* une préférence que | Descartes n'a jamais catégoriquement **26** exprimée :

> De tout cela suit donc clairement que l'on peut démontrer aussi bien *a priori* qu'*a posteriori* que Dieu est. Encore mieux *a priori*, car les choses qu'on démontre de l'autre façon, on doit les démontrer par leur cause extérieure, ce qui est une imperfection manifeste, puisqu'elles ne peuvent se faire connaître

par elles-mêmes, mais seulement par des causes extérieures. Dieu cependant, la cause première de toutes choses et aussi la cause de soi-même, se fait connaître lui-même par lui-même. De peu de signification est donc cette parole de Thomas d'Aquin suivant laquelle Dieu ne peut pas être démontré *a priori*, et cela précisément parce qu'il n'a pas de cause [1].

Dieu se fait connaître lui-même par lui-même : c'est qu'en effet nous percevons clairement et distinctement que l'existence appartient à la nature de Dieu : or tout ce que nous concevons clairement et distinctement appartenir à la nature d'une chose, nous pouvons en vérité l'affirmer de cette chose. Ou encore, l'existence de Dieu ne fait qu'un avec son essence, et toute essence est éternelle ; l'existence appartient donc à Dieu de toute éternité. La nécessité avec laquelle en Dieu l'existence découle de l'essence, ou même l'identité, en Dieu, de l'existence avec l'essence éternelle : voilà la vérité qui d'elle-même, sans autre condition, se manifeste à la raison.

Mais comment les concepts cartésiens qui ont servi à démontrer, selon la doctrine de Descartes, que Dieu est, vont-ils servir à démontrer, contrairement à la doctrine de Descartes, qu'il n'y a point d'être en dehors de Dieu ? Pour aboutir à ce résultat, ils doivent évidemment | recevoir des applications ou des significations nouvelles. Lesquelles ? À cet effet, relevons, parmi les définitions qui ouvrent l'*Éthique*, celles qui préparent le plus directement la preuve de la proposition xiv, d'après laquelle « en dehors de Dieu nulle substance ne peut être donnée ni conçue ». Définition I : *Per causam sui intelligo id cujus essentia involvit existentiam; sive id cujus natura non potest concipi nisi existens* (Par cause de soi j'entends ce dont l'essence enveloppe l'existence ; autrement dit, ce dont la nature ne peut être conçue que comme exis-

---

1. Première partie, chap. I, p. 48.

tante). Définition III : *Per substantiam intelligo id quod in se est et per se cuncipitur, hoc est, id cujus conceptus non indiget conceptus alterius rei a quo formari debeat* (Par substance j'entends ce qui est en soi et est conçu par soi, c'est-à-dire ce dont le concept n'a pas besoin, pour être formé, du concept d'une autre chose). Définition IV : *Per attributum intelligo id quod intellectus de substantia percipit tanquam ejusdem essentiam constituens* (Par attribut j'entends ce que l'entendement perçoit d'une substance comme constituant son essence). Définition VI : *Per Deum intelligo ens absolute infinitum, hoc est, substantiam constantem infinitis attributis, quorum unumquodcumque aeternam et infinitam essentiam exprimit* (Par Dieu j'entends un être absolument infini, c'est-à-dire une substance constituée par une infinité d'attributs dont chacun exprime une essence éternelle et infinie).

Selon une interprétation très répandue, la seule définition de la substance, mise en tête de l'*Éthique*, suffit pour imposer logiquement l'unité de substance : dès qu'il est entendu qu'une substance, c'est ce qui est en soi et est conçu par soi, il n'y a évidemment que | Dieu pour satisfaire à une telle définition. 28 C'est à peine si les premiers théorèmes de l'*Éthique* ont besoin de développer le sens de cette définition pour montrer qu'une substance ne peut être produite par une autre substance, que toute substance est nécessairement cause de soi.

Or, en partant de cette interprétation, il paraît aisé de soutenir en outre que le spinozisme n'est que le prolongement presque immédiat du cartésianisme car, d'un côté, Descartes a justifié l'application à Dieu de ce concept de « cause de soi » ; et d'un autre côté, il a lui-même donné de la substance une définition qui, prise en toute rigueur, ne convient qu'à Dieu.

De fait, quelles que soient les origines premières, et quelles qu'aient été les vicissitudes de ce concept de « cause de soi », c'est sans aucun doute à Descartes que Spinoza l'a directement emprunté. Dans ses *Réponses aux premières objections*, Descartes dit :

> J'avoue franchement qu'il peut y avoir quelque chose dans laquelle il y ait une puissance si grande et si inépuisable qu'elle n'ait jamais eu besoin d'aucun secours pour exister, et qui n'en ait pas encore besoin maintenant pour être conservée, et ainsi qui soit en quelque façon la cause de soi-même ; et je conçois que Dieu est tel [1].

Dans ses *Réponses aux quatrièmes objections*, à l'encontre d'Arnauld qui avait prétendu que cette notion de « cause de soi », formée par analogie avec la notion de cause efficiente, est inapplicable à Dieu, lequel, pour exister, ne saurait requérir de cause antérieure à lui-même, Descartes observe

> que la raison pour laquelle Dieu n'a besoin d'aucune cause efficiente pour exister, est | fondée en une chose positive, à savoir, dans l'immensité même de Dieu, qui est la chose la plus positive qui puisse être [2] ;

il montre comment la notion de « cause de soi » a, de préférence à la formule que Dieu est sans cause, l'avantage d'exprimer l'immensité d'essence « très positive » dont découle l'existence divine [3]. Ainsi, d'une part, Descartes fournissait les éléments de la définition que l'*Éthique* donne de la *cause de soi* ; et c'était pour Dieu qu'il avait introduit et justifié ce concept.

D'autre part, Descartes a défini de deux façons différentes la substance. Voici la définition qu'il en donne dans l'essai de démonstration géométrique qui suit ses *Réponses aux secondes objections* :

---

1. Éd. Adam-Tannery, IX, p. 86 ; voir p. 87 [N.d.É., dorénavant cité AT, IX].
2. *Ibid.*, p. 179.
3. *Ibid.*, p. 182-185.

> Toute chose dans laquelle réside immédiatement comme dans son sujet, ou par laquelle existe quelque chose que nous concevons, c'est-à-dire quelque propriété, qualité, ou attribut, dont nous avons en nous une réelle idée, s'appelle *substance* [1].

Cette définition est conforme à la plus ancienne tradition aristotélicienne et scolastique, et elle reste, pour les usages que l'on en peut faire, assez indéterminée. En voici une autre, que donne ailleurs Descartes, et qui n'est pas non plus sans antécédents scolastiques :

> Lorsque nous concevons la substance, nous concevons seulement une chose qui existe en telle façon qu'elle n'a besoin que de soi-même pour exister. *En quoi il peut y avoir de l'obscurité touchant l'explication de ce mot : n'avoir besoin que de soi-même* ; car, à proprement parler, il n'y a que Dieu qui soit tel, et il n'y a aucune chose créée qui puisse exister un seul moment sans être soutenue et conservée par sa puissance. C'est pourquoi on a raison dans l'École de dire | que le nom de sub- **30** stance n'est pas « univoque » au regard de Dieu et des créatures, c'est-à-dire qu'il n'y a aucune signification de ce mot que nous concevions distinctement, laquelle convienne à lui et à elles [2].

Est-ce que le spinozisme ne va pas se constituer en supprimant tout simplement la restriction d'apparence assez arbitraire par laquelle Descartes, après l'École, empêche d'appliquer à Dieu seul la notion de substance telle qu'elle vient d'être définie ? Cette définition de la substance ne va-t-elle pas, chez un penseur moins retenu que ne l'était Descartes par des scrupules d'orthodoxie, produire le panthéisme comme son fruit le plus naturel ? – Cependant la connexion que l'on a souvent découverte ainsi entre le cartésianisme et le spinozisme n'est pas la connexion qui s'est réellement établie entre

---

1. AT, IX, p. 125.
2. *Principes de la Philosophie*, première partie, 51, AT, t. IX, p. 57.

eux. C'est ce que l'on pourrait déjà prouver par une analyse attentive des définitions et des premières propositions de l'*Éthique* mais l'étude du *Court Traité* rend cette preuve plus aisée et encore plus concluante.

Il faut d'abord remarquer que, dans le chapitre II de la première partie du *Court Traité*, la notion de substance, au lieu de s'appliquer à Dieu, s'applique directement et essentiellement à ce que Spinoza appellera plus tard les attributs de Dieu ; et la question que Spinoza se pose principalement au sujet de la *substance*, ce n'est pas celle de savoir si Dieu est la substance unique, mais celle de savoir s'il peut se trouver dans l'entendement infini de Dieu des *substances* (au pluriel) qui ne soient pas réellement dans la nature ou qui soient plus parfaites que celles qui existent dans la | nature. À cette question **31** Spinoza répondra, comme il y est porté, par la négative ; mais les termes dans lesquels il l'énonce indiquent suffisamment qu'il ne va pas d'emblée de la définition cartésienne de la substance à l'affirmation de l'unité de substance, puisque alors la question n'aurait même pas lieu de se poser. Tout le contexte montre que les substances dont il s'agit là sont des substances de divers genres, des substances telles que sont la substance étendue et la substance pensante. Et si Spinoza s'efforce de démontrer que toute substance est infinie, ce n'est pas à Dieu qu'il pense alors, mais à toute substance d'un certain genre ; de telle sorte qu'en toute rigueur il peut y avoir, à ce moment du développement dialectique de sa pensée, non pas seulement une substance infinie, mais une pluralité de substances infinies.

Évidemment Descartes explique dans une certaine mesure pourquoi Spinoza a pu appeler ici substance ce qu'il appellera ailleurs de préférence attribut, pourquoi Spinoza pourra même, comme dans l'Appendice géométrique du *Court Traité*[1],

---

1. *Court Traité*, prop. III.

prendre indifféremment l'un pour l'autre le terme « substance »
et le terme « attribut ». Dans ses *Principes de la Philosophie*[1],
Descartes identifie en effet la substance avec ce qu'il nomme
son attribut principal, et qui en constitue, dit-il, toute la nature
ou l'essence : la pensée peut être dite également attribut principal ou substance de l'âme ; l'étendue peut être dite également
attribut principal ou substance des corps. Mais Descartes
admettait en même temps, comme allant de soi, qu'un même
attribut peut appartenir à une pluralité de substances, et de
substances finies, tandis que Spinoza soutient que toute sub-
stance | est infinie et qu'il ne peut exister qu'une substance de **32**
même attribut.

À la vérité Descartes ne mettait pas dans l'idée des
attributs des substances (réserve faite des attributs de Dieu,
dont au reste pour lui le sens est tout autre), de quoi conclure
nécessairement à des réalités correspondantes. Selon lui, je
suis sûr de l'existence de mon esprit parce que je pense, et le
propre de mon esprit, c'est d'être une substance pensante ;
mais si mon être est défini ici par la pensée qui me le fait
connaître, il n'y a point entre la pensée en soi et mon existence
une connexion nécessaire : il y a simplement union indissoluble en fait entre mon existence et ma pensée. S'il existe des
substances corporelles, elles doivent être essentiellement
étendues, d'après l'idée claire et distincte que j'ai de la
matière ; mais la notion d'étendue n'a rien qui implique l'existence des corps, et cette existence même n'est prouvée chez
Descartes que par une argumentation assez laborieuse, et par
des considérations différentes de ce que peut nous apprendre la
seule idée de l'étendue. Ainsi il faut qu'en partant de certains
concepts cartésiens, Spinoza en étende le sens et en accroisse
la portée pour pouvoir conclure, contrairement à Descartes,

---

1. *Principes de la Philosophie*, I, 53.

que toute substance est infinie, qu'il n'y a qu'une seule substance pensante, qu'il n'y a qu'une seule substance étendue.

Sur un point, d'ailleurs, Descartes semble avoir appelé ou favorisé ces conclusions contraires à sa doctrine explicite. En ramenant l'âme à la pensée, il pouvait encore s'appuyer sur ce que la pensée s'attribue elle-même à un sujet pour admettre qu'il y a autant de substances spirituelles que de sujets pensants. Mais en ramenant la matière à l'étendue mathématique homogène, | il semblait bien exclure de la matière tout principe *essentiel* d'individuation; il devait soutenir que la matière, primitivement privée de toute distinction et de toute spécification de parties, reçoit du mouvement seul la diversité des choses qu'elle manifeste; cette diversité est donc modale, non substantielle; la substance étendue, dans son fond, doit être une. Par là Descartes se prêtait aux thèses propres de Spinoza.

Cependant Spinoza n'a pu établir ces thèses qu'en portant à l'extrême le réalisme qu'enveloppe chez Descartes la conception des essences. Dans ce qui est pour Descartes l'idée de pensée et dans ce qui est l'idée d'étendue, il ne considère, sous l'empire de sa conception panthéistique première, que leur réalité « objective », ou plutôt, que leur nature essentielle, détachée en quelque sorte de toutes les opérations intellectuelles qui la représentent; et en outre, de la réalité objet d'entendement il n'hésite point à faire une réalité en soi, à laquelle l'entendement se subordonne, comme à la *chose* intelligible la fonction de connaître. La Pensée et l'Étendue sont ainsi des genres d'être qui, chacun pour son compte, constituent la Nature, et dont il y a seulement lieu de se demander si l'intellect infini de Dieu en peut comprendre de plus hauts. Ce qui montre qu'il ne le peut, c'est que toute substance est dans son genre infinie : d'où tiendrait-elle en effet sa limitation ? Elle ne saurait la tirer d'elle-même; car son essence absolument positive ne saurait admettre aucun néant ; elle devrait donc la tirer d'un autre Être qui, devant être illimité en tout sens pour avoir pouvoir sur elle et les autres substances, l'aurait créée limitée par impuissance ou par défaut de volonté : ce qui est absurde. Puis donc que toute substance est infinie en son | genre, il ne peut exister deux substances **34** semblables ; car la seconde, en empruntant une partie de la même essence, limiterait la première, la rendrait finie : ce qui est contradictoire avec la proposition précédente. Par suite encore, aucune substance ne peut en produire une autre, puisque la production de cette autre supposerait entre les deux une communauté d'attribut et que, pour Spinoza, une substance comprend en elle la totalité de l'attribut qui la constitue.

Or, à quoi nous a conduits jusqu'à présent cette élaboration spinoziste de la notion de substance à partir des données cartésiennes ? À ceci, qu'il y a des substances infinies, chacune en son genre, des substances absolument distinctes et irréductibles. Nous nous sommes, si l'on veut, rapprochés de la conception panthéistique en ce sens que toute substance, étant infinie, est, par cette infinité, susceptible d'être rapportée à l'Être divin ; mais il faut qu'il soit prouvé par ailleurs que l'Être divin doit comprendre toute réalité substantielle. Nous avons vu, dans la précédente leçon, comment l'intuition de l'unité et de l'infinité de la Nature repousse d'emblée chez Spinoza toute distinction irrésoluble de substances ; comment donc la démonstration rationnelle, qui jusqu'à maintenant semble justifier une distinction radicale de cette sorte, va-t-elle pouvoir la surmonter logiquement ?

On ne l'a pas assez remarqué : c'est la notion de Dieu qui joue le rôle générateur et décisif ordinairement dévolu dans le spinozisme à la notion de substance. Dieu, nous dit le *Court Traité* comme nous le dira l'*Éthique*, est un Être duquel sont affirmés des attributs infinis, dont chacun est en son genre

infini. À première vue, il peut sembler que cette définition
35 | n'est pas si éloignée des définitions traditionnelles et ortho-
doxes, et en particulier de la définition de Descartes :

> Par le nom de Dieu, j'entends une substance infinie, éternelle,
> immuable, indépendante, toute connaissante, toute puissante,
> et par laquelle moi-même, et toutes les autres choses qui sont
> (s'il est vrai qu'il y en ait qui existent) ont été créées et
> produites[1].

Dans ses *Principes de la Philosophie de Descartes*, Spinoza
expose la définition cartésienne de Dieu, de façon, semble-t-il,
à la rapprocher tout à fait de la sienne :

> La substance que nous comprenons qui est par elle
> souverainement parfaite, et dans laquelle nous ne concevons
> absolument rien qui enveloppe quelque défaut, autrement dit,
> quelque limitation de perfection, s'appelle *Dieu*[2].

Ainsi, sans doute, des définitions ou des conceptions cartésiennes de Dieu Spinoza retient tout ce qui signifie l'immensité d'essence, l'infinité dans tous les sens ; il en retient aussi ce
qui dans la nature d'un tel être signifie une raison et une
puissance entières d'exister. Mais quand il dit que Dieu est
constitué par une infinité d'attributs, il prend le mot « attribut »
dans un tout autre sens que celui que lui donnent Descartes et
les théologiens quand ils parlent des attributs de Dieu. Lorsque
Descartes, notamment, décrit ou définit cette nature de Dieu
qui, selon lui, enveloppe nécessairement l'existence, il y fait
entrer des perfections sans bornes, comme il dit, mais des
perfections qui sont pour la plupart des *qualités*, des qualités
exemplaires, des qualités dont certaines sont plus ou moins
incomplètement participables par des êtres créés, mais sont

---

1. *Troisième Méditation*, AT, IX, p. 35-36.
2. *Principes de la Philosophie de Descartes*, I, déf. VIII, t. II, p. 389.

fort loin | par conséquent d'en constituer l'essence unique et **36**
indivisible. Au contraire, les attributs dont parle Spinoza, ce
sont des genres d'être, et tous les genres d'être; ce sont précisément les substances, dont il a montré qu'elles sont infinies
chacune en son genre. Ce qui fait donc la force de la définition
de Dieu pour la génération logique du panthéisme de Spinoza,
c'est la signification *substantive*, non *qualificative*, de l'attribut; et c'est par là que cette définition diffère profondément,
malgré des analogies extérieures et des ressemblances ver-
bales, des définitions ordinaires qui rapportent à Dieu réellement ou éminemment toutes les perfections et qualités. Pour
Spinoza, l'essence éternelle et infinie qu'exprime chaque
attribut de Dieu est une *essence de substance*: *Cum Deus sit
ens absolute infinitum, de quo nullum attributum, quod essentiam substantiae exprimit, negari potest...* [1]. Du moment donc
qu'à Dieu, comme Être absolument infini et non pas seulement
infini en son genre, appartient tout ce qui exprime une essence
de substance, comme toute substance ne fait qu'un avec son
essence, toutes les natures d'êtres sont comprises dans l'Être
de Dieu.

Cette façon d'interpréter dans un sens exclusivement
substantif les attributs de Dieu se confirme par une distinction
que développe explicitement le *Court Traité*, et dont l'*Éthique*
gardera l'esprit sans en reproduire visiblement la lettre c'est la
distinction des *attributs* et des *propres* ou *propriétés*. Il n'y a
que les attributs qui nous fassent connaître Dieu véritablement
et réellement; les propriétés, même quand elles conviennent à
Dieu, nous dit Spinoza dans une formule qui n'est peut-être
pas tout à fait exacte, ne sont que des dénominations | extrin- **37**
sèques [2]; dans un autre langage, nous dirions que les propriétés
ne sont que des expressions relatives ou adjectives, tandis que

---

1. *Éthique*, I, prop. XIV, démonstration.
2. Première partie, chap. II, p. 60.

les attributs sont des déterminations constitutives et absolues;
les propriétés servent à caractériser le mode d'existence de
Dieu ou l'action divine, à dire, par exemple, que Dieu est unique, éternel, immuable, ou bien qu'il est cause de toutes choses,
qu'il prédétermine toutes choses[1]; parmi les propriétés qui
sont rapportées à Dieu, lorsque toutefois elles lui conviennent
bien, il en est qui peuvent lui être rapportées en relation avec
tous ses attributs, par exemple, l'existence par soi, la causalité,
l'immutabilité; tandis que d'autres ne peuvent lui être rapportées qu'en relation avec tel attribut, la sagesse et l'omni-
science, par exemple, en relation avec l'attribut de la pensée,
l'omniprésence en relation avec l'attribut de l'étendue. C'est
lorsque l'on prétend accroître sa connaissance de Dieu au
moyen de propriétés qui n'ont pas de rapport avec les attributs
réels que l'on tombe dans l'erreur. En somme, sans les propriétés, Dieu n'est point un Dieu; mais il ne l'est point par
elles; car elles ne font rien connaître qui existe substantiel-
lement; ce sont des adjectifs, impossibles à comprendre sans
leurs substantifs, qui sont les attributs[2].

De cette conception des attributs de Dieu il résulte que
toutes les substances conçues originairement comme telles, et
de quelque genre qu'elles soient conçues, sont ces attributs
mêmes, et qu'il n'y a en Dieu d'autres attributs que ceux qui,
comme genres d'êtres, existent réellement dans la nature.
38 Cependant quel principe | autorise logiquement à concevoir
Dieu comme une substance constituée par l'infinité de tous les
attributs, alors que l'argumentation de Spinoza, telle même
que l'*Éthique* la reproduira dans ses premiers théorèmes,
n'envisage d'abord la substance que comme le sujet réel d'un
attribut unique, comme un attribut singulier posé et réalisé en

---

1. Voir les débuts des chap. III, V et VI de la première partie.
2. Première partie, chap. I, p. 47. – Cf. *Traité théologico-politique*,
chap. XIII, t. I, p. 532.

soi? Ce principe, à caractère scolastique, çà et là invoqué par Descartes pour d'autres objets, c'est qu'un être a d'autant plus de réalité qu'il a plus d'attributs. De même donc que le néant n'a point d'attributs, Dieu, qui est l'Être infiniment infini, doit avoir la totalité des attributs.

> Il s'en faut de beaucoup, dit dans la première partie de l'*Éthique* le scolie de la proposition X, qu'il soit absurde de rapporter plusieurs attributs à une substance; c'est, au contraire, la chose la plus claire du monde que tout être doit se concevoir sous quelque attribut, et que, plus il a de réalité ou d'être, plus il a d'attributs qui expriment et une nécessité, autrement dit une éternité, et une infinité [1].

Que ce passage de la substance sujet d'un attribut à la substance sujet de tous les attributs ne soit pas sans offrir à l'intelligence des difficultés, c'est ce dont témoigne la demande d'un correspondant de Spinoza, Simon de Vries, qui, ayant eu communication du commencement de l'*Éthique*, réclame qu'il soit démontré que la notion d'une substance comporte la possibilité de plus d'un attribut [2]. À quoi Spinoza répond que cette démonstration ressort suffisamment de ce que plus un être a de réalité, plus il a d'attributs qui le font d'autant plus concevoir sous la raison du vrai, avec les caractères de l'existence [3]. Cette affirmation de Spinoza suppose donc que, | si un attribut n'appartient qu'à une substance, une **39** substance peut avoir plus d'un attribut; et sans doute, à un point de vue strictement logique, la nécessité de l'un n'exclut point la possibilité de l'autre. Sont-ce toutefois deux mêmes usages de la notion de substance? Entre la substance caractérisée par son attribut principal et la substance constituée par

1. Voir aussi *Court Traité*, première partie, chap. II, p. 55.
2. *Lettre* VIII, t. II, p. 31-33.
3. *Lettre* IX, t. II, p. 34.

une infinité d'attributs, entre la substance qui est la réalité d'une essence unique et singulière et la substance qui est l'unité de toutes les essences, y a-t-il parité pour la détermination par des idées claires et distinctes ?

Quoi qu'il en soit de cette question, c'est bien la définition de Dieu, telle qu'elle a été expliquée, c'est cette définition, justifiée par le principe que plus un être a de réalité plus il a d'attributs, qui emporte et concentre en Dieu, sous le nom d'attributs, ce que Spinoza avait un moment appelé des substances. Est-ce pourtant par elles-mêmes, ou est-ce seulement par leur attribution à Dieu, que des essences, telles que l'étendue ou la pensée, possèdent l'existence ? Dans le *Court Traité*[1], Spinoza nous dit que les substances que nous savons exister dans la nature, pensée ou étendue, n'ont aucune nécessité d'exister en tant qu'elles sont conçues comme séparées de l'Être absolument infini ; elles ne sont donc pas conçues alors de telle sorte que leur essence implique leur existence ; c'est uniquement en démontrant qu'elles sont des attributs de Dieu que nous démontrons *a priori* qu'elles existent. – Cependant, pourrait-on observer, si elles ne sont pas nécessairement existantes, comment peuvent-elles être des attributs de l'Être qui existe nécessairement ? Leur nécessité d'exister n'est-elle pas, avec leur infinité, ce qui leur permet d'être | rapportées à Dieu sous le nom d'attributs ? – Aussi Spinoza paraît-il de plus en plus porté à juger que l'attribut tient de lui-même l'existence nécessaire. Dans une lettre à Oldenburg[2], il remarque que si l'on ne peut pas conclure l'existence de la définition d'une chose quelconque, on peut toujours la conclure de la définition ou de l'idée de quelque attribut[3]. Ailleurs, Spinoza

40

---

1. Première partie, chap. II, p. 55-56.
2. *Lettre* IV, t. II, p. 10.
3. Voir aussi une lettre à de Vries, *Lettre* X, p. 35.

veut établir qu'il n'y a que Dieu qui existe par soi [1]. Mais cette thèse, qui peut sembler d'abord refuser l'existence par soi aux attributs, la leur accorde dans la démonstration. Il y a en effet, dit Spinoza, des natures qui sont parfaites dans leur genre et dont l'essence renferme l'existence nécessaire. Ce sont manifestement pour Spinoza les attributs. Dès lors, ajoute-t-il, si nous supposons qu'un être, qui n'exprime une perfection infinie qu'en son genre, existe par sa nature, à plus forte raison nous devons supposer qu'existe par soi un être qui exprime toutes les perfections de tout genre. Dans l'*Éthique*, il suffit d'observer la suite des premières démonstrations pour reconnaître qu'une substance qui n'est infinie qu'en son genre est déjà cause de soi. Si précédemment, dans le *Court Traité*, l'existence des attributs n'apparaît pas toujours enveloppée dans leur essence propre et semble parfois dériver uniquement de leur attribution à Dieu, c'est qu'alors Spinoza sait davantage l'effort à faire pour surmonter la distinction des subtances-attributs et pour la comprendre dans l'unité de l'Être infini. Dès qu'il a pris plus entièrement et plus familièrement conscience de l'identité rationnelle des attributs-substances avec Dieu, il estime davantage que concevoir l'existence nécessaire de | chaque attribut, c'est concevoir l'existence nécessaire de Dieu 41 même. Et ainsi les essences qu'expriment les divers attributs, tout en restant distinctes, sont unies en Dieu et constituent Dieu par leur nécessité d'être autant que par leur infinité.

Telles sont les voies par lesquelles Spinoza a poursuivi la justification rationnelle de sa conception première touchant l'identité qu'établissent entre Dieu et la Nature leur commune unité et leur commune infinité. Ce sont des concepts cartésiens qui ont été le point de départ et qui ont fourni les matériaux de cette œuvre; et c'est, en somme, le rationalisme de Descartes

1. *Lettre* XXXIV, XXXV, XXXVI.

qui a été appelé à couvrir de sa garantie la doctrine panthéistique de l'unité de substance. Comment l'a-t-il pu autrement
que par une appropriation extérieure et artificielle? C'est que,
compris d'une certaine manière, envisagé sous un certain
aspect, il a de quoi représenter par une sorte de réalisme concep-
tuel le naturalisme enveloppé dans l'affirmation originaire de
Spinoza. Lorsque, en effet, Descartes en vient à déterminer
plus rigoureusement ce que sont les idées vraies, les idées
claires et distinctes, il leur donne comme fondement des
essences, des natures immuables et éternelles. Il insiste sur la
réalité propre des objets de l'entendement, en tant qu'imposés
à l'entendement; si bien que dans sa doctrine paraît parfois se
rompre le lien qui rattache la conception des idées aux opérations de l'esprit par leur essence, les idées ont une espèce
d'existence à elles; le vrai ne fait qu'un avec l'être. Dès lors,
comment ne pas franchir l'intervalle qui sépare les idées des
choses, quand les idées se présentent à certains égards comme
des choses, quand | leur intelligibilité les hypostasie d'une
certaine manière? Et ce ne sera pas le cas seulement pour
l'idée de Dieu; ce sera le cas pour toute idée qui exprime sans
autre condition une essence d'être, surtout dès qu'il apparaîtra
que la réalisation plus ou moins contingente de cette idée par
des substances finies en altérerait gravement la nature interne
et en méconnaîtrait la nécessité. L'idée d'étendue est donc
toute dans l'essence qu'elle représente, et cette essence à son
tour enveloppe immédiatement la substantialité; de même
l'idée de pensée. Ainsi, par un certain caractère réaliste de sa
doctrine de la connaissance, le cartésianisme pouvait se prêter
à une transformation dont l'effet était de concentrer dans la
vérité réalisée comme Être toutes les affirmations essentielles
d'êtres contenues dans un intellect infini. Ainsi encore, la
Nature une et infinie étant transposée dans l'Être dont l'immensité d'essence comprend comme réalités toutes les natures

intelligibles par soi, la concordance paraît établie entre la tendance panthéistique première qui avait poussé Spinoza à n'admettre aucun être qui ne fût Dieu, l'Être unique, et l'exigence rationaliste qui réclame que, dans son unité et son infinité même, l'Être unique puisse être connu par des idées claires et distinctes. Jusqu'où va, dans le fond, cette concordance, et n'y a-t-il point dans le système quelque obstacle qui la limite ou quelque principe secret qui la dépasse ?

C'est ce qu'il nous faudra nous demander en étudiant plus précisément le rapport de Dieu à chacun et à la totalité de ses attributs.

DIEU ET SES ATTRIBUTS

La démonstration de l'unité de substance par Spinoza a eu naturellement pour effet de réserver en principe à Dieu la dénomination de substance. Cependant, par ses définitions initiales comme par ses explications, Spinoza n'en rappelle pas moins plus d'une fois l'identité primitive de la substance et de l'attribut. Dans plusieurs de ses lettres, il use exactement des mêmes termes pour définir l'attribut et la substance[1]; et quand il est amené à s'expliquer plus catégoriquement sur les rapports de la substance et de l'attribut, voici ce qu'il déclare :

> Par substance, j'entends ce qui est en soi et est conçu par soi, c'est-à-dire ce dont le concept n'enveloppe pas le concept d'une autre chose. Par attribut, j'entends exactement la même chose, avec cette seule différence, que l'attribut est ainsi appelé par rapport à l'entendement qui attribue à la substance telle nature définie…[2].

L'attribut, c'est donc l'essence d'une substance telle que l'entendement la perçoit[3]. Et puisque, pour Spinoza, dans la substance réalité et intelligibilité ne font qu'un, entre une

---

1. *Lettre* II, t. II, p. 5; *Lettre* IV, t. II, p. 11.
2. *Lettre* IX, t. II, p. 34-35.
3. *Éthique*, I, déf. IV.

substance et un attribut il ne saurait exister de différence réelle,
mais simplement, comme il le dit ailleurs, une différence de
raison [1]. En Dieu même, quand l'unité de substance est rationnellement établie, la substance, constituée par une infinité
44 | d'attributs qui sont autant d'essences de substances, ne se
distingue pas de ces attributs. *Deus sive omnia Dei attributa...*,
dit Spinoza [2].

Tout en étant par leur ensemble identiques à Dieu, les
attributs n'en restent pas moins entre eux réellement distincts,
chacun d'eux pouvant être clairement et distinctement conçu
sans le secours des concepts qui expriment les autres [3]; mais
comme ils constituent, malgré leur distinction, le même être
absolument infini, ils ne peuvent être numériquement limités
pas plus qu'ils ne peuvent être, à vrai dire, numériquement
représentés; ils sont innombrables, au sens fort du mot [4]. – À
partir de là, bien des questions se posent.

Et d'abord, parmi ces infinis attributs de Dieu, nous n'en
connaissons que deux: la Pensée et l'Étendue. Spinoza
rapporte donc à Dieu, comme attributs connus de nous, les
deux espèces de substances que Descartes avait admises; il les
rapporte à Dieu après les avoir érigées chacune en un genre
d'être singulier et infini. Cependant, pour opérer le transfert de
l'Étendue à Dieu, il avait à vaincre, non seulement les préjugés
d'école et de sens commun, mais encore la thèse de Descartes
qui, tout en admettant que l'étendue corporelle est essentiellement intelligible, la considérait comme incompatible avec
Dieu, en raison de sa divisibilité [5]. Or Spinoza soutient énergi-

---

1. *Cogitata metaphysica*, I, 3, t. II. p. 468; II, 5, t. II, p. 486.
2. *Éthique*, I, prop. XIX; prop. XX, cor. 2.
3. *Éthique*, I, prop. X.
4. *Court Traité*, première partie, chap. I, p. 47; chap. VII, p. 86.
5. Descartes, *Principes de la Philosophie*, I, § 23. Cf. Spinoza, *Principia philosophia cartesianae*, I, prop. XVI; *Cogitata metaphysica*, I, cap. II.

quement que l'étendue, en elle-même infinie, ne saurait être constituée | par des parties finies, et n'est point par conséquent **45** divisible; les adversaires de l'étendue infinie se plaisent à mettre en relief les contradictions auxquelles on se heurte toutes les fois que l'on applique à une quantité infinie une mesure quelconque; mais ils devraient conclure de là qu'une quantité infinie n'est pas mesurable, et n'en est pas moins parfaitement réelle dès que l'entendement en conçoit la nécessité, au lieu de prétendre, selon les tendances de l'imagination qui la fait finie et divisible, qu'elle doit se composer de parties numériquement déterminables. Rien donc n'empêche que l'Étendue soit un attribut de Dieu, et nous voyons en quel sens elle l'est [1].

Pour l'attribution à Dieu de la Pensée, Spinoza ne semblait avoir aucun obstacle de cette sorte à surmonter. Toutefois il ne pouvait concevoir la Pensée divine sous la forme d'un entendement, qui a conscience d'être distinct de ce qu'il perçoit, parce que ce qu'il perçoit ne dérive pas de sa causalité propre : Spinoza ne devait maintenir dans la Pensée divine que la pure représentation de l'intelligible, détachée de tout rapport à un *sujet* intelligent, située au delà de la conscience et de la réflexion, admise, parallèlement à l'Étendue, comme un genre d'être infini.

Pourquoi cependant ne connaissons-nous de Dieu que deux attributs? La question fut posée à Spinoza [2], et voici ce que Spinoza répondit [3] : l'âme humaine, étant l'idée du corps, ne peut connaître que ce qu'enveloppe l'idée du corps ou ce qui peut être conclu de cette idée; de plus, | tout attribut, étant **46** conçu par soi, ne peut être déduit d'un autre : les attributs

---

1. *Court Traité*, première partie, chap. II, p. 56-59; *Éthique*, I, prop. XV; *Lettre* XII, t. II, 42 *sq.*

2. *Lettre* LXIII, t. II, p. 216; LXV, p. 219-220.

3. *Lettre* LXIV, t. II, p. 217-218; *Lettre* LXVI, p. 220.

autres que la Pensée et l'Étendue ne peuvent donc être déduits de la Pensée et de l'Étendue que nous connaissons. Pourtant, objectait-on, puisque les modes correspondants des divers attributs ne sont au fond qu'une même modification exprimée de diverses manières, pourquoi l'âme ne perçoit-elle l'expression de cette modification que dans l'Étendue et non pas, en outre, dans tous les autres attributs parallèles de Dieu ? À quoi Spinoza répondit que si chaque chose est exprimée en effet d'une infinité de manières dans l'infinité des attributs, il y a lieu d'en conclure simplement qu'une infinité de modifications de la Pensée doivent correspondre à cette infinité d'expressions en tout genre, mais non qu'elles doivent se trouver dans les âmes humaines. Autrement dit, l'infinité des idées, qui correspond à l'infinité des expressions d'une même chose dans les attributs innombrables, constitue une infinité d'âmes de diverses sortes, lesquelles, représentant des modes dont les attributs n'ont aucune connexion entre eux, n'ont de leur côté non plus aucune connexion entre elles. De fait, dans l'Appendice du *Court Traité*, Spinoza avait déjà soutenu que les modifications de tous les attributs infinis ont une âme comme en ont une les modifications de l'étendue [1].

Mais de là résulte un autre problème : alors que tous les attributs devraient être égaux, est-ce que Spinoza ne consacre pas en fait la prééminence de la Pensée sur tous les autres attributs possibles, et en particulier sur l'Étendue ? Puisque toute modification d'un attribut, quel qu'il soit, doit être représentée par une | modification correspondante de la Pensée, 47 n'est-il pas vrai que la Pensée enveloppe et exprime dans sa forme à elle toute la réalité de tous les attributs possibles ? Le spinozisme, prétend F. Pollock [2], doit arriver à soutenir

---

1. *Lettre*, p. 203-204.
2. *Spinoza, his life and philosophy*, 1880, p. 175-179.

que rien n'existe, sauf la Pensée et ses modifications : il a pour conséquence logique, quoique non avouée, l'idéalisme. – Cependant cette interprétation n'impose l'idéalisme à Spinoza que parce qu'elle commence par s'en inspirer elle-même : elle admet tacitement qu'en raison de sa vertu représentative, la Pensée, prise comme entendement, joue le rôle de condition nécessaire, de principe, par rapport aux objets qu'elle représente, et même par rapport à l'existence de ces objets. Or, pour Spinoza, tout genre d'être autre que la Pensée, même en étant représenté par la Pensée, ne cesse pas d'avoir une nature radicalement distincte.

> L'être formel des choses qui ne sont pas des modes du penser ne suit pas de la nature divine par la raison qu'elle a d'abord connu les choses mais les choses qui sont les objets des idées suivent et sont conclues de leurs attributs propres de la même manière et avec la même nécessité que nous avons montré que les idées suivent de l'attribut de la Pensée [1].

Que la Pensée représente tous les autres attributs, cela signifie, dans la philosophie spinoziste, que tous les attributs, en même temps qu'ils sont des genres d'être, sont souverainement intelligibles; mais cela, c'est le rationalisme, et non pas précisément, même en germe, l'idéalisme.

L'unité des attributs n'est donc point celle de tous les attributs dans l'un d'eux, mais de tous les attributs dans la substance unique qu'ils constituent. Cependant, | comment les **48** attributs peuvent-ils se rapporter à la substance une, sans que l'unité de la substance infinie soit dissoute ou sans que la distinction des attributs soit abolie? Et même les attributs, qui paraissent bien être des déterminations, peuvent-ils être rapportés à Dieu qui est *ens absolute indeterminatum*, alors que Spinoza déclare si volontiers que toute détermination est

---

1. *Éthique*, II, prop. VI, cor.

une négation ? – Pour résoudre ce genre de difficultés, on peut être tenté de considérer les attributs, non comme des essences constituant la substance divine en elle-même, mais comme des attributions opérées par le seul entendement en rapport avec ses façons de percevoir. C'est l'interprétation défendue en particulier par Eduard Erdmann[1]. Erdmann s'appuie, non seulement sur le passage de la lettre à Simon de Vries, où Spinoza dit « que l'attribut est ainsi appelé par rapport à l'entendement qui attribue à la substance telle nature définie », mais encore sur tous les textes qui énoncent que l'attribut *exprime* ou *explique* l'essence de la substance. – Mais il faut d'abord remarquer que lorsque l'on oppose l'indétermination de la substance et la détermination des attributs, on commet un grave contresens. Spinoza entend l'*ens absolute indeterminatum*, non pas comme l'Être par lui-même dépourvu d'attributs, mais comme l'Être absolument infini, dont, en conséquence, doivent être affirmées absolument toutes les formes positives de l'Être (Malebranche dit aussi l'Être « indéterminé » dans le sens très positif d'Être infini). D'autre part, si pour Spinoza l'attribut n'est infini qu'en son genre, | en son genre il est positivement infini, loin d'être « déterminé », c'est-à-dire, dans le langage spinoziste, fini : au point que, comme la substance même, il est dit *indeterminatum*[2]. L'interprétation d'Erdmann n'est pas plus juste quand elle fait des attributs de simples façons dont l'entendement se représente la substance divine. Elle est contredite par des textes formels tels que celui-ci : « Il n'existe rien hors de l'entendement, sinon les substances, ou, ce qui revient au même, leurs attributs et leurs

---

1. *Versuch, einer wissenschaftlichen Darstellung der neuern Philosophie*, I, 2, 1836, p. 60 *sq.* ; *Vermischte Aufsätze*, 1846, p. 145-152 ; *Grundriss der Geschichte der Philosophie*, 1866, t. II, p. 57-60.

2. *Lettre* XXXVI, t. II, p. 140-141.

affections » [1]. Elle est contredite par le sens même que le *Court Traité* a donné à l'identité primitive de l'attribut et de la substance. Elle a le tort de subordonner dans l'entendement, d'une manière quasi kantienne, l'objet perçu à l'acte de percevoir, alors que pour Spinoza l'intellect, mode de Dieu, s'il est capable de percevoir la vérité des essences, est incapable de la produire et de la tirer de lui-même, par conséquent la connaît et ne peut la connaître que telle qu'elle est en soi. En revanche, la thèse d'Erdmann met très bien en lumière, tout en l'interprétant mal, le rapport qu'a la notion d'attribut aux exigences rationnelles de l'entendement. Les attributs font que Dieu n'a pas seulement une puissance absolument infinie d'exister et de produire, mais avant tout une intelligibilité absolue, qui est la source même de cette puissance.

C'est cette signification essentielle des attributs qu'a négligée Kuno Fischer lorsque, par opposition à la thèse d'Erdmann, il a soutenu que les attributs sont des puissances par lesquelles se manifeste la causalité de la substance divine [2]. Il fait valoir | à bon droit que Spinoza dans le *Court Traité*, 50 et même encore dans les *Lettres* et l'*Éthique*, emploie le mot « force » ou « puissance » pour désigner l'Étendue ou la Pensée. – Seulement la question est de savoir si dans l'identité qu'il établit entre la puissance et l'essence, Spinoza tient la puissance plutôt que l'essence pour le caractère constitutif et primordial. Or partout il tend à concevoir la cause comme raison, la puissance comme essence : *Dei potentia est ipsius essentia* [3]. C'est par là que le réalisme qu'il professe s'élève décidément au-dessus du pur naturalisme, et est proprement un réalisme rationaliste. L'attribut fait donc saillir, non pas au premier plan la puissance de la substance, mais l'intelligibilité

1. *Éthique*, I, prop. IV.
2. *Geschichte der neuern Philosophie*, Bd. II, 5ᵉ éd., 1909, p. 389-392.
3. *Éthique*, I, prop. XXXVI.

de sa nature. Si Dieu est cause, si Dieu agit, c'est par son intelligibilité même, que les attributs constituent. Au reste, quand, dans le *Court Traité*, Spinoza a établi la distinction qui a été signalée entre les attributs et les propriétés, il a rangé la causalité divine parmi les propriétés qui tiennent leur sens de leur rapport aux attributs[1].

Les attributs sont donc identiques à Dieu ; ils sont Dieu tel qu'il peut et doit être compris par un entendement, tel qu'il est aussi réellement. Leur irréductible distinction ne les empêche pas de constituer la même substance. On dirait que Spinoza se rapproche par là de certaines conceptions traditionnelles : en fait, les philosophes théologiens, juifs, arabes ou chrétiens, avaient souvent insisté sur l'identité de tous les attributs en Dieu et soutenu notamment que chacun des attributs divins recèle au fond de lui le principe d'équivalence qui l'unit à tous **51** les autres. En outre, | la solution que Spinoza donnait au problème général des attributs de Dieu le faisait également se rencontrer et se mesurer avec les solutions théologico-philosophiques antérieures, bien qu'elles prissent le terme d'*attribut* dans un sens différent. Sur cette question des attributs divins, philosophes et théologiens étaient restés partagés entre la tendance à déterminer Dieu de façon à rendre explicables ses rapports avec le monde et la tendance à l'élever au-dessus de toutes les déterminations empruntées à des êtres finis. C'est ainsi que la théologie négative du pseudo-Denys, toute pleine de l'inspiration alexandrine, procédait par voie de négation, pour aller de négation en négation jusqu'à l'Infini innommable. Chez un des grands philosophes de sa race qui lui était familier, chez Moïse Maimonide, Spinoza avait pu apprendre qu'on n'échappe à l'anthropomorphisme qu'en prêtant à Dieu des attributs simplement négatifs. En retour, il avait pu retenir

1. Première partie, chap. III, p. 60, p. 71.

d'un autre philosophe juif, Chasdaï Creskas, qui avait sur ce point combattu Maimonide, que les attributs positifs, qui restent toujours l'envers des attributs négatifs, peuvent fort bien, si l'on élimine ce qu'ils ont originairement de relatif et de limité, convenir à Dieu. Les deux tendances paraissent se concilier dans le spinozisme. Tout ce qui est de l'ordre des modes ne saurait être attribué à la substance divine en elle-même, et nous verrons l'aversion profonde de Spinoza pour l'anthropomorphisme; mais des attributs tels que l'Étendue et la Pensée, par leur infinité, échappent à toute mesure purement humaine et appartiennent à Dieu de droit.

Cependant le rapprochement qui peut se faire entre le spinozisme et les doctrines théologiques traditionnelles | ne **52** sert peut-être qu'à rendre plus sensibles les difficultés que rencontre le premier. Les doctrines théologiques peuvent admettre sans trop de peine l'identité indivisible de tous les attributs, car elles conçoivent les attributs surtout comme des qualités ou des façons d'agir. Mais comment peut s'établir l'unité d'attributs hétérogènes, et irréductiblement hétérogènes, en raison de leur origine substantielle? Chaque attribut, isolément, est l'objet d'une idée claire et distincte. Par quelle idée claire et distincte peut se représenter le lien des attributs-substances? Ici sans doute se découvre la limite qui s'oppose à l'effort fait par Spinoza pour égaler à son affirmation première de l'unité et de l'infinité absolues de l'Être le rationalisme dont il avait emprunté les éléments et les maximes à Descartes, en les poussant, pour arriver à ses fins, dans le sens d'un extrême réalisme.

DIEU ET SES MODES

Dieu, dit Spinoza, est la cause immanente, non transitive, de toutes choses. Mais comment expliquer que les choses, étant produites par Dieu, n'aient cependant d'existence qu'en Dieu ? Et comment expliquer encore, d'une part, qu'étant en Dieu elles n'ajoutent pas par ce fait à l'existence de Dieu, d'autre part qu'elles puissent périr alors que subsiste la cause interne qui les engendre ? Questions qui se sont imposées à Spinoza dès qu'il a entrepris la constitution rationnelle de son système, et qui se trouvent déjà traitées, quoique imparfaitement et sommairement, dans le second *Dialogue*. D'abord, observe Spinoza, l'essence d'une chose ne s'accroît pas par son union avec une autre chose, quand avec cette chose elle forme un tout : l'idée du triangle n'est pas accrue par la considération de telle propriété qui en dérive. Puis, si les choses particulières, tout en étant en Dieu comme des effets dans leur cause, sont périssables, c'est qu'il y a lieu de distinguer entre les effets qui sont produits immmédiatement par les attributs de Dieu sans autre circonstance (les choses particulières ne sont pas des effets de cette sorte) et les effets qui requièrent, outre l'action de Dieu, l'influence ou le concours d'autres choses, lesquelles d'ailleurs ne peuvent pas agir sans Dieu ou en dehors de lui. Autrement dit, Dieu n'est jamais cause

éloignée, au sens absolu; il l'est, relativement, à l'égard
des choses qu'il ne produit pas *immédiatement* par sa seule
54 | nature, indépendamment de toutes autres circonstances; mais
l'ensemble même de ces circonstances qui concourent avec lui
pour la production de telle ou telle chose dépend directement
de lui et est donné en lui.

C'est par la distinction et le rapport des attributs et des
modes que Spinoza s'efforce de rendre intelligibles le caractère de la cause immanente et la relation, originale qu'elle a
avec ses effets.

On pourrait imaginer que la notion de substance, celle
d'attribut et celle de mode forment dans la doctrine spinoziste
une hiérarchie régulière, la notion d'attribut étant comme
l'intermédiaire qui relie à égale distance la notion de substance
et la notion de mode. Même Spinoza n'autorise-t-il pas cette
opinion, lorsque, dans le premier *Dialogue*, il dit que, comme
on nomme substances le corporel et le spirituel à l'égard des
modes qui dépendent d'eux, on doit les nommer modes par
rapport à la substance dont ils dépendent? N'indique-t-il pas
ainsi que l'attribut est une substance passée au rang de mode
par la considération de son lien nécessaire avec l'Être infini?
Peut-être, en effet, malgré ce que la terminologie spinoziste a
ici d'incertain, Spinoza s'est-il un moment représenté ainsi la
relation des trois termes, substance, attribut, mode; et ce serait
alors l'une des preuves que l'on pourrait donner de l'antériorité de ce *Dialogue* par rapport à l'ensemble du *Court Traité*.
Car dans le *Court Traité*, et même dans le second *Dialogue*, la
ligne de démarcation qui est établie nettement entre Dieu,
considéré absolument, et ses modes, met du même côté Dieu
et les attributs qui doivent s'affirmer de son essence. Les
attributs, nous le savons, sont identiques à Dieu même.

55 | La division qui partage le réel en substance et attributs
d'une part, et modes de l'autre, est une application de l'axiome I

de l'*Éthique*, selon lequel tout ce qui est existe ou en soi ou en autre chose : axiome que Spinoza paraît avoir emprunté directement à Descartes[1], mais qui est de source scolastique et même aristotélicienne. Le mode est en effet défini dans l'*Éthique* : « Ce qui est dans autre chose et est aussi conçu par cette autre chose »[2].

Cette même division est encore exprimée chez Spinoza par la distinction de la *nature naturante* et de la *nature naturée*[3] : distinction dont Spinoza nous dit lui-même qu'il l'emprunte aux Thomistes, encore que, contrairement à sa pensée, les Thomistes fissent de la nature naturante, c'est-à-dire de Dieu, un être extérieur aux substances. De fait, saint Thomas appelle bien Dieu nature naturante[4] ; mais il déclare que cette expression a été employée par d'autres. Elle était en réalité d'un usage assez courant dans la philosophie du moyen âge et certainement dès le milieu du XIIIᵉ siècle ; on trouve aussi les deux termes de *nature naturante* et *nature naturée* chez saint Bonaventure, chez Occam, chez Vincent de Beauvais. Ils se perpétuent jusque chez les scolastiques contemporains de Spinoza[5]. Spinoza a pu être attiré par cette expression en raison de l'unité qu'elle établissait verbalement entre Dieu et le monde par l'emploi commun du mot *nature*.

| Pourquoi donc y a-t-il une nature naturée, autrement dit, **56** des modes ? Éliminant, comme irrationnelle, l'idée commune de la création, Spinoza y substitue l'idée de la production nécessaire, par Dieu, de tout ce qu'enveloppe son essence. Or,

1. *Cogitata metaphysica*, II, cap. V, t. II, p. 484-485.

2. *Éthique*, I, déf. V.

3. *Court Traité*, première partie, chap. VIII et IX, *Éthique*, I, prop. XXIX, scolie.

4. *Summa theologica*, I, 2, quaest. 85, art. 6 ; *Dionysii de divinis nominibus*, IV, 21.

5. Voir Heereboord *Meletemata, Phil. natur.*, éd. 1654, p. 6.

de même que plus un être a de réalité, plus il doit avoir d'attributs, on peut dire que plus un attribut a d'essence, plus il doit produire de modes qui le manifestent : car où serait sans cela la vertu de son intelligibilité même ? Comme Dieu possède une infinité absolue d'attributs dont chacun exprime une essence éternelle et infinie, de lui doit suivre nécessairement une infinité de choses modifiées, c'est-à-dire tout ce qui peut tomber sous un intellect infini[1]. Et les modes dérivent des attributs par le même genre de nécessité qui fait découler d'une notion géométrique l'ensemble de ses propriétés.

Seulement, tandis que la nature naturante existe sans degré, il y a des degrés entre les modes de la nature naturée. Dans le *Court Traité*[2], Spinoza distingue la nature naturée universelle et la nature naturée particulière : la nature naturée universelle se compose de tous les modes qui dépendent *immédiatement* de Dieu ; la nature naturée particulière se compose de toutes les choses qui sont causées par les modes universels et qui par suite, tout en dépendant de Dieu, et sans que cette dépendance soit affaiblie, ne se rapportent à lui que *médiatement*. L'*Éthique* reproduit la même distinction de deux sortes de modes, mais en la poussant plus loin encore, puisque les modes de la première sorte sont à leur tour divisés en deux espèces[3]. Donc, il y a d'abord des modes infinis et des modes finis. Il y a des modes | infinis immédiats, c'est-à-dire des modes qui suivent de la nature absolue de quelque attribut de Dieu ; ces modes sont nécessairement infinis, parce que, s'ils ne l'étaient pas, ils supposeraient que la puissance de production ou d'explication propre à l'attribut est, pour ce qui relève de lui, limitée, et cela contredit la notion de l'attribut infini en son genre ; pour la même raison, ce qui suit immédiatement de

57

---

1. *Éthique*, I, prop. XVI.
2. Première partie, chap. VIII.
3. *Éthique*, I, prop. XXI-XXVIII.

la nature absolue d'un attribut infini possède l'existence de toute éternité : sans quoi l'avènement de cet effet amènerait une altération dans l'attribut supposé immuable. – Il existe aussi des modes infinis qui résultent médiatement de la nature d'un attribut de Dieu, c'est-à-dire qui résultent de cet attribut en tant qu'il est affecté d'une modification infinie : et cela, en vertu du même argument, parce qu'un attribut affecté d'une modification infinie doit produire par là et ne peut produire par là qu'une modification infinie. – Il existe enfin des modes finis : ce sont des modes qui, au lieu de résulter de la nature d'un attribut pris absolument, résultent de l'attribut en tant qu'il s'exprime de telle façon, qui est, elle, une façon déterminée ; et ces modes finis sont les réalités particulières. – Nous avons donc dans l'ordre de la nature naturée une gradation qui va des modes infinis immédiats aux modes infinis médiats, et de ceux-ci aux modes finis ; et d'autre part, l'ordre de la nature naturée, qui reste toujours distinct de l'ordre de la nature naturante, parce que tout ce qui s'y manifeste est quelque chose qui suit, qui résulte, non quelque chose qui engendre, qui cause, se relie toutefois intimement à l'ordre de la nature naturante, parce que les modes infinis immédiats qui sont au principe de la nature naturée expriment directement comme | effets **58** l'essence ou la réalité de l'attribut dont ils dépendent.

Ici sans doute revit, au moins comme motif inspirateur, la conception alexandrine qui essaie de relier par des intermédiaires l'unité et l'infinité de Dieu à la multiplicité des êtres finis composant le monde donné. Philon avait introduit dans la philosophie moins l'idée de la création *ex nihilo* que l'idée de la création à divers degrés et par des êtres intermédiaires ; Plotin faisait engendrer par l'Un l'intelligence, par l'intelligence l'âme, par l'âme le corporel ; et c'est le propre des doctrines qui relèvent de l'alexandrinisme que de représenter l'absolu engendrant les puissances successives qui, de degré

en degré, vont jusqu'aux formes les plus limitées de l'existence. Or cette espèce de représentation n'est pas seulement un
effet de l'imagination mystique ; elle répond encore au besoin
tout rationnel d'exprimer sans hiatus, sans discontinuité
radicale, le « processus » de l'œuvre de la création ; elle se
prête donc à être intellectualisée. De fait, chez Spinoza, elle
s'intellectualise autant qu'il est possible.

Mais quels sont, au juste, les deux genres de modes infinis
qui marquent le passage des attributs aux modes finis ?
Là-dessus, l'*Éthique* ne nous apprend vraiment rien. Ce que
Spinoza nous en révèle ailleurs se trouve dans une lettre à
Schuller :

> Pour les exemples que vous me demandez, ce sont, comme
> exemples du premier genre, dans la Pensée l'intellect abso-
> lument infini, dans l'Étendue le mouvement et le repos ; comme
> exemple du second genre, la face de tout l'univers (*facies totius
> universi*) qui, quoiqu'elle varie d'une infinité de façons, reste
> cependant | toujours la même ; voyez là-dessus le scholie 7 du
> lemme qui précède la proposition XIV, partie II [1].

Sur ce que sont les modes infinis immédiats, cette réponse
de Spinoza est suffisamment claire, et elle est en accord avec
le passage du *Court Traité*[2] où Spinoza nous dit que, parmi
les modes qui dépendent immédiatement de Dieu, nous en
connaissons deux : le mouvement dans la matière et l'entendement dans la chose pensante ; ce sont, ajoute Spinoza, des
fils de Dieu, ses premiers-nés, créés de toute éternité et subsis-
tant sans altération de toute éternité. Ces expressions mêmes
rendent manifeste ici l'influence des doctrines néoplatoni-
ciennes touchant la génération du λόγος, et peut-être de la
conception kabbaliste de l'Adam-Kadmon dans laquelle elles

---

1. *Lettre* LXIV, t. II, p. 219.
2. Première partie, chap. IX.

se sont transfusées. Mais ce qui est notable en outre, c'est que l'intellect et le mouvement sont conçus, dans des attributs différents, comme des modes de même degré.

L'intellect infini est donc un mode infini immédiat de la Pensée, et, comme tel, il appartient à la nature naturée, non à la nature naturante [1]. Il peut arriver à Spinoza de paraître confondre l'*intellectus* avec la *cogitatio*, soit parce qu'il s'exprime d'une façon exotérique, soit parce qu'il emprunte momentanément, pour les mieux réfuter, le langage de ses adversaires; mais dans la doctrine rigoureuse, la distinction de l'intellect, comme mode, et de la pensée, comme attribut, ainsi que la subordination du premier à la seconde sont très catégoriques. Cependant Spinoza ne semble-t-il pas tirer l'intellect de ce rôle subordonné quand il mesure le réel à ce qui peut tomber sous un intellect infini [2]? | Nullement; car si, pour 60 Spinoza, tout est réel de ce qui peut tomber sous un intellect infini, ce n'est pas parce que cet intellect conditionne, dans un sens idéaliste, le réel qu'il comprend, c'est parce qu'il ne peut contenir et représenter, dans un sens réaliste, que ce qui existe nécesssairement et indépendamment de lui. L'intellect est tourné vers les choses; il est tourné avant tout vers la substance dont il est le produit. Et c'est pour cela qu'il suppose la Pensée comme sa condition, qu'il est un mode de la Pensée [3].

On a plus de difficulté à déterminer quels sont pour Spinoza les modes infinis médiats. Qu'est-ce que cette *facies totius universi quæ eadem manet*, dont il est question dans la lettre à Schuller? Dans le passage de l'*Éthique* auquel la lettre nous renvoie, on trouve brièvement, mais fortement exposée,

---

1. *Éthique*, I, prop. XXXI; *Lettre* IX, t. II, p. 34; cf. *Court Traité*, deuxième partie, chap. XXIV.

2. Voir *Court Traité*, première partie, chap. II, p. 50; *Éthique*, I, prop. XVI, cor. I, etc.

3. Voir *Lettre* IX, t. II, p. 34.

l'idée d'après laquelle la nature est un individu un, dont les parties, c'est-à-dire tous les corps, varient d'une infinité de façons sans qu'il y ait aucun changement de l'individu total[1]. On serait par là assez porté à admettre que la *facies totius universi*, c'est, exprimée dans le langage ontologique qui est le propre de la doctrine, la loi de la conservation de la même quantité de mouvement, telle que Descartes l'avait posée[2].

Dans ce cas, qu'est-ce qui correspond à la *facies totius universi* dans l'ordre de la Pensée ? Ici, il faut faire un nouveau progrès dans la conjecture. Reportons-nous à la cinquième partie de l'*Éthique*, proposition XL, scholie :

61
> Par là, ainsi que par la proposition XXI de la première partie de l'*Éthique* et les suivantes, | il apparaît que notre âme, en tant qu'elle comprend, est un mode éternel de la pensée, lequel est déterminé par un autre mode éternel de la pensée, celui-ci par un autre, et ainsi à l'infini en sorte que tous ensemble constituent l'intellect éternel et infini de Dieu.

Les propositions de la première partie de l'*Éthique* auxquelles Spinoza ici nous renvoie sont précisément celles qui traitent des modes infinis et éternels. Il est permis de supposer que c'est l'ordre total des âmes éternelles, cet ordre où elles constituent une unité antérieure à leurs déterminations singulières, qui forme dans la Pensée le mode infini et éternel médiat, symétrique de la *facies totius universi*.

Quant aux modes finis, ils sont identiques aux choses particulières[3]; et le propre des choses particulières, c'est d'avoir une essence qui n'enveloppe pas leur existence. L'existence de chacune d'elles, n'ayant dans l'essence qu'une

---

1. Cf. *Lettre* XXXII, t. II, p. 129.
2. Voir Descartes, *Principes de la Philosophie*, II, 36, Spinoza, *Principia philosophiae cartesianae*, pars II, prop. XIII.
3. *Éthique*, I, prop. XXV, cor.

condition nécessaire, mais non suffisante, ne peut s'expliquer que par l'existence d'autres choses particulières.

> Une chose singulière quelconque, autrement dit, toute chose qui est finie et a une existence déterminée, ne peut exister ni être déterminée à agir si elle n'est déterminée à l'existence et à l'action par une autre cause, laquelle est aussi finie et a une existence déterminée; et cette cause à son tour ne peut non plus exister ni être déterminée à agir que par une cause nouvelle, finie elle aussi et pourvue d'une existence déterminée; et ainsi à l'infini[1].

À parler strictement, Dieu n'est point cause éloignée des choses particulières; car tout ce qui existe, ne pouvant être que par lui et qu'en lui, a en lui sa cause prochaine. Mais l'on peut réserver le nom de cause prochaine à Dieu | en tant qu'il **62** produit immédiatement certaines choses (les modes infinis et éternels) par sa nature considérée absolument, et reconnaître que pour les choses particulières (les modes finis), si Dieu les détermine à être et les maintient dans l'existence, ce n'est point par sa nature absolue, mais par sa nature affectée de telle ou telle modification[2]. Ce qui constitue cet « ordre commun de la nature », où les choses particulières trouvent leur existence et leur genre propre d'action, c'est le lien infini des causes, *infinitus causarum nexus*[3].

Il y a donc un intime rapport entre le caractère qu'ont les choses particulières d'être finies et la nécessité qui soumet chacune d'elles à la causalité externe d'autres choses particulières. En effet, loin de pouvoir se maintenir par lui seul ou de se suffire, le fini, comme tel, ne saurait être; il est la privation ou la négation de l'être, qui de droit est infini[4]. Par suite, si

---

1. *Éthique*, I, prop. XXVIII.
2. *Ibid.*
3. *Éthique*, V, prop. VI.
4. *Lettre* XXXVI, t. II, p. 140 : *Lettre* L, t. II, p. 185.

les choses particulières, tout en étant finies, ne sont que des néants partiels[1], si elles existent d'une certaine façon, c'est qu'elles participent de l'infini, et par le système de causes et d'effets où elles sont emboîtées, et par la relation interne de leurs essences propres à la nature divine. Leur espèce d'existence est caractérisée par la durée, que notre imagination détermine au moyen du temps; et séparée de l'essence, elle n'est qu'une sorte de quantité abstraite. Mais, en tant qu'elle se rattache à l'essence et qu'elle l'exprime, elle est une réalité positive et concrète douée d'une certaine force ou capable d'un certain effort[2]. De la sorte, les choses particulières ont comme une double existence : | l'une qui se définit par une relation à une place et à un moment déterminés; l'autre qui se définit par un rapport à la causalité immanente de Dieu et qui résulte de la nécessité de la nature divine[3]. Et cette existence-ci, qui est, à proprement parler, l'existence de l'essence, est une existence éternelle[4].

Mais de quelle nature est l'essence des modes finis? Est-elle elle-même particulière? Ou bien est-elle ce qu'il y a de général ou de commun à une classe d'êtres particuliers? Par endroits sans doute, il semble que l'essence soit une sorte de type que peuvent réaliser des individus, mais qui n'a rien en lui-même d'individuel; c'est ainsi que Spinoza nous dit que de l'essence de l'homme ou du triangle on ne peut déduire qu'il existe tant d'hommes et tels hommes, tant de triangles et tels triangles[5]. Ces textes ne prouvent-ils pas que l'essence de l'homme ou du triangle est prise dans le sens d'un concept, d'une idée générale? – Mais ils prouvent simplement que,

1. *Éthique*, I, prop. VIII, scolie 1.
2. *Éthique*, II, déf. V, prop. XLV; III, prop. VI-VIII; *Lettre* XII, t. II, p. 41 *sq.*
3. *Éthique*, V, prop. XXIX, scolie.
4. *Éthique*, I, prop. XVII, cor. 2, scolie ; *Lettre*, t. II, p. 33; *Lettre* X, p. 35.
5. *Éthique*, I, prop. VIII, scolie 2; *Lettre* XXXIV, t. II, p. 136.

selon Spinoza, il y a des essences des figures mathématiques et peut-être aussi de certains êtres de raison, mais des essences qui ne concernent ces objets qu'en tant que tels : ces textes ne prouvent point qu'il n'y ait pas des essences particulières des choses particulières. Et d'autre part, qu'il y ait des essences de cette sorte, c'est ce qu'établit bien le remarquable passage du *De emendatione* où Spinoza expose que nous devons tendre avant tout à la connaissance des choses particulières, que la meilleure conclusion se tirera toujours d'une « essence parti- culière | affirmative » sans recours aux notions abstraites et **64** générales[1]. Même les notions *communes* qui sont les prin- cipes de la raison, et qui ont une vérité que ne possèdent pas les notions abstraites et générales, ne sauraient constituer l'essence d'aucune chose singulière[2]. Et c'est précisément le rôle de la connaissance intuitive, qui dépasse en cela l'objet de la connaissance proprement rationnelle, que d'atteindre les choses singulières[3]. D'où résulte bien que les essences des choses individuelles sont elles-mêmes individuelles. Il y a, dit expressément Spinoza, entre l'essence d'une chose et l'essence d'une autre la même différence qu'entre l'existence de la première et l'existence de la seconde[4].

Cependant, pour les choses individuelles, entre l'essence, qui est éternelle, et l'existence, qui simplement dure, quel rapport exact y a-t-il ? Si peu que Spinoza éclaircisse là-dessus sa pensée, il paraît entendre l'existence comme la puissance actualisée qu'a une essence de produire certains effets impli- qués dans sa nature[5]; cette puissance peut rester à l'état de

1. *De emendatione*, t. I, p. 32-33.

2. *Éthique,* II, prop. XXXVIII; prop. XLIV, cor. II, dem.

3. *Éthique,* II, prop. XL, scolie 2; *Éthique,* V, prop. XXXVI, scolie.

4. *De emendatione*, t. II, p. 17. – Voir *Court Traité*, première partie, chap. VI, p. 83-84.

5. *Éthique,* III, prop. VIII.

possible, c'est-à-dire n'exister qu'en tant qu'elle est comprise dans les attributs de Dieu[1]; pour qu'elle s'actualise, il faut, en outre, le concours déterminant des autres essences réalisées. L'existence proprement dite marque donc la mesure dans laquelle une essence individuelle produit par et dans l'ordre total de la nature une suite d'effets qui se combinent avec les effets des autres essences: elle représente dans les limites d'une certaine durée ce | qu'a de limité en même temps que de positif la productivité de telle essence éternelle.

65

Mais de toute façon l'existence des modes finis n'en est pas moins réelle. L'interprétation subjectiviste qui considère les modes comme une sorte de projection imaginative sur le fond immuable de la substance n'est pas plus exacte que celle qui ramène les attributs à de simples formes de l'intellect. Elle s'appuie sur les mêmes arguments, qui peuvent se réfuter de même, et en outre sur cet argument, que les modes sont sujets à des distinctions et à des divisions qui n'atteignent pas la substance et les attributs; que par là ils tombent sous l'imagination au lieu d'être objets d'entendement. Mais les déterminations et les distinctions modales ne sont imaginaires que tout autant qu'elles isolent les modes finis les uns des autres ou qu'elles isolent en chacun d'eux l'existence de l'essence; du moment qu'elles expriment, avec l'individualité des essences, l'ordre régulier dans lequel les essences sont comprises et manifestent leur puissance, elles sont réellement aussi bien que rationnellement fondées: *Rerum, ut in se sunt, Deus revera est causa, quatenus infinitis constat attributis*[2].

Ainsi les choses particulières existent comme des modes finis que la substance divine, en vertu de l'immensité de son essence, ne peut pas ne pas produire par l'intermédiaire des

---

1. *Éthique*, II, prop. VIII.
2. *Éthique*, II, prop. VII, scolie.

modes infinis : elles existent, d'abord parce qu'elles ont une essence posée de toute éternité par la substance, et ensuite parce qu'elles sont déterminées à être, c'est-à-dire déterminées par l'ensemble des autres choses existantes à exercer à un certain moment de la durée la force qu'elles tiennent de | leur essence. La position des essences individuelles, d'une **66** part, et, d'autre part, leurs déterminations respectives qui, sous des conditions définies, les amènent à l'existence, ont également Dieu pour principe nécessaire. Par cette unité de principe, le spinozisme affirme, plus que sans doute il ne l'explique, le concours de la série infinie des causes déterminées dans l'existence avec la causalité interne des essences.

LE DIEU DE SPINOZA

La doctrine spinoziste des attributs et des modes s'oppose avant tout à ce que l'ordre des attributs soit défini par des éléments empruntés à l'ordre des modes; elle exclut donc avec une énergie singulière toutes les représentations anthropomorphiques de Dieu. Non seulement Dieu n'est agité d'aucun des sentiments humains; mais même il n'a, à parler rigoureusement, ni entendement ni volonté. La volonté et l'entendement n'ont pas d'autre relation avec Dieu que le mouvement et le repos, c'est-à-dire qu'ils appartiennent à la nature naturée, non à la nature naturante[1]. Dieu est cause des choses au même sens où il est cause de soi[2] par conséquent, les choses, suivant nécessairement de la nature de Dieu, n'ont pu être produites d'aucune autre manière et dans aucun autre ordre que de la manière et dans l'ordre où elles ont été produites[3].

Ces thèses de Spinoza contredisent directement l'idée de la création telle qu'on l'entend communément, ainsi que les idées que d'ordinaire on y rattache. Sans doute Spinoza, surtout dans les autres ouvrages que l'*Éthique*, emploie le

---

1. *Éthique*, I, prop. XXXI; prop. XXXII, cor. II.
2. *Éthique*, I, prop. XXV, scolie.
3. *Éthique*, I, prop. XXIX, prop. XXXIII.

terme de création, mais comme il emploie d'autres termes en
cours dans les doctrines orthodoxes traditionnelles, c'est-
à-dire en les détournant dans un sens compatible avec son
68 système. Il en use de la sorte dans le *Court Traité*; | et lui-
même avertit qu'on ne soit pas dupe du mot : dans une note
où il établit une distinction qui se trouve également dans les
Cogitata metaphysica[1] entre créer et engendrer – créer étant
poser une chose à la fois quant à l'essence et quant à l'existence, engendrer étant faire qu'une chose naisse quant à
l'existence seulement – il ajoute : « Ce que nous appelons
créer, toutefois, on ne peut pas dire proprement que cela ait
jamais eu lieu »[2]. Dans les *Cogitata metaphysica*, acceptant
l'idée de création, il en rejette ce qu'il appelle la « définition
vulgaire ». Il la définit pour son compte « une opération dans
laquelle ne concourent d'autres causes que l'efficiente », et il
explique qu'il écarte ainsi la question de savoir si c'est en vue
de quelque fin que Dieu a créé les choses, ou qu'il force de la
résoudre, au cas où on la poserait, en décidant que cette fin ne
peut jamais être qu'intérieure à Dieu et se confond avec son
essence. Il observe, en outre, qu'il supprime l'*ex nihilo* que les
philosophes énoncent communément, afin de dissiper l'illusion qui leur représente ce néant comme une matière dont les
choses sont tirées.

Mais toujours il critique vivement les conceptions
auxquelles les doctrines orthodoxes associent ce terme de
création, et qui supposent que le monde aurait pu ne pas
exister; qu'existant, il est dans un état d'imperfection; qu'il
pourrait, par suite, être différent de ce qu'il est. Entre ces
conceptions il y a le lien d'une affirmation commune, à savoir
que Dieu peut ne pas faire ce qui est en son pouvoir; par
une contradiction étrange, c'est sous le couvert de la toute-

---

1. *Cogitata metaphysica*, pars II, cap. XII, t. II, p. 501.
2. Première partie, chap. II, p. 51.

puissance que l'on prête à Dieu cette impuissance réelle, comme si | d'une cause donnée ne devait pas toujours résulter **69** l'effet qu'elle doit produire[1]! Pour montrer que le monde aurait pu ne pas exister, on allègue l'imperfection qu'il a. Mais le monde n'est jugé imparfait que par une vue inexacte de notre esprit : il a toute la perfection qu'il peut avoir, et il ne peut être autre qu'il n'est, car il existe nécessairement. Pour qu'il fût autre, il faudrait que Dieu lui-même fût autre : ce qui est absurde. En dehors du nécessaire, il n'y a que l'impossible : la possibilité et la contingence, qu'on les distingue ou non, ne sont ni l'une ni l'autre des expressions du réel : ce sont des défauts de notre entendement[2]. Pour les mêmes raisons, on ne saurait admettre que Dieu ait produit les choses en vue de fins ; car outre que la doctrine des causes finales détruit l'ordre causal véritable en l'intervertissant, elle détruit aussi la perfection de Dieu en faisant dépendre l'action divine de la représentation de quelque objet extérieur, et qui semble lui manquer. Au fond, l'idée commune de la création repose sur l'attribution à Dieu d'une intelligence et d'une volonté plus ou moins semblables aux nôtres. Or, absolument parlant, Dieu n'a ni intelligence ni volonté ; ou si l'on continue par habitude de langage à parler d'intelligence et de volonté en Dieu, il faut bien prendre garde qu'entre l'intelligence et la volonté divines d'une part, l'intelligence et la volonté humaines de l'autre, il n'y a pas plus de rapport qu'entre le chien, signe céleste, et le chien, animal aboyant[3] ; | – pas plus de rapport, et peut-être beaucoup moins **70** encore, disent les *Cogitata* qui comme l'*Éthique* usent de cette

---

1. *Éthique*, I, prop. XVII, scolie.

2. *Éthique*, I, prop. XVII, scolie, prop. XXXII et XXXIII ; II, prop. III, scolie ; IV, préface. Cf. *Court Traité*, première partie, chap. II, p. 50, 54, 55 ; chap. IV, p. 74-77 ; chap. VI, p. 80-85. *Cogitata metaphysica*, I, cap. III, t. II, p. 468-471 ; II, cap. IX, t. II, p. 492-494.

3. *Éthique*, I, prop. XVII.

comparaison[1]. C'est qu'en effet l'intelligence humaine ne peut s'exercer que sur des objets qui lui sont imposés, tandis que l'intelligence de Dieu, ou pour mieux dire, la Pensée de Dieu est cause de la représentation des objets qu'elle comprend.

Pour rejeter l'idée commune de la création, Spinoza s'appuie sur l'opposition radicale de la rationalité scientifique et de la subjectivité humaine; son procédé critique consiste à s'emparer des termes mêmes de la théologie, tels que création, intelligence et volonté de Dieu, perfection et toute-puissance divines, décrets divins, à exclure de ces termes tous les éléments indéterminés et tous les caractères empruntés à la conscience ou aux modes d'action de l'homme, pour n'en retenir que les propriétés conformes à cette raison objective qui s'exprime adéquatement dans la géométrie; il use souvent du semi-rationalisme des théologiens pour les contraindre à un rationalisme complet, qui ne laisse dans l'ordre de l'existence et de l'action divines, comme dans l'ordre de la nature, aucune place au possible, au contingent, aux fins externes, à la puissance indépendante de l'essence.

Cependant refuser à Dieu une volonté libre, n'est-ce pas le soumettre, dans son existence comme dans son action, à une fatalité aveugle? Nullement. Car la fatalité est une nécessité extérieure à l'Être, une nécessité que l'Être subit sans qu'elle soit comprise dans sa nature. Au contraire, la nécessité en vertu de laquelle Dieu existe et produit les choses lui est essentiellement | intérieure, et, loin de supprimer la liberté, elle la fonde au contraire[2]. Être libre, en effet, c'est n'être déterminé à agir que par soi : ce qui implique une puissance résultant de la seule essence, nullement une volonté proprement dite, surtout une volonté agissant en vue de fins. Cette dernière conception

1. *Cogitata metaphysica*, II, cap. XI, p. 500.
2. *Éthique*, I, déf. VII; prop. XVII.

de l'action divine est particulièrement défectueuse, en ce qu'elle la subordonne à une fin préexistante et comme extérieure. Mieux vaudrait la conception de la liberté indifférente, et ici sans aucun doute Spinoza songe à la doctrine de Descartes :

> Je l'avoue, cette opinion qui soumet toutes choses à une certaine volonté indifférente de Dieu et qui fait dépendre toutes choses de son bon plaisir, s'éloigne moins, à mon avis, de la vérité que l'opinion de ceux qui soutiennent que Dieu fait tout sous la raison du bien [1].

La puissance infinie de Dieu n'est subordonnée à rien : voilà la conception commune qui établit, malgré leurs grandes différences, une certaine affinité entre la doctrine de Descartes et celle de Spinoza sur la liberté divine. Seulement Spinoza identifie cette puissance infinie avec la nécessité rationnelle et interne qui de l'essence même de Dieu dérive sa causalité et son existence. Aussi, loin de s'exclure, liberté et nécessité, par ce qu'elles ont d'intelligible, sont-elles une même chose. « À mes yeux, écrit Spinoza, la liberté n'est point dans un libre décret, mais dans une libre nécessité » [2].

Ainsi conçu, le Dieu de Spinoza est-il décidément tel qu'il ne possède ni personnalité ni conscience de soi ? Ç'a été pendant longtemps l'interprétation courante du | spinozisme. 72 Elle a été pourtant contestée, et par des arguments qui montrent au moins que la question mérite d'être reprise et d'être examinée avec soin. Chez nous en particulier Victor Brochard a soutenu que le Dieu de Spinoza est le Dieu de la tradition juive, donc un Dieu essentiellement personnel [3].

---

1. *Éthique,* I, prop. XXXIII, scolie 2.

2. *Lettre* LVIII, t. II, p. 208 ; *Lettre* LXXV, t. II, p. 242.

3. *Études de philosophie ancienne et de philosophie moderne*, Paris, Vrin, 1974, p. 332-370.

Laissons de côté les passages du *Traité théologico-politique* que l'on peut invoquer, car incontestablement bien des formules de ce *Traité* sur Dieu sont des formules accommodées, et non de pures expressions de la pensée philosophique de Spinoza. Il est toujours certain que dans plusieurs autres endroits, dans diverses lettres[1] et dans l'*Éthique* même[2], Spinoza déclare, en des termes presque identiques, que l'on peut bien admettre qu'il n'y a pas de contradiction entre la nécessité de l'action divine et la liberté de Dieu, puisqu'on admet aussi bien que Dieu, par une nécessité de sa nature, doit se connaître lui-même, et que cependant cette connaissance de soi est libre. Dieu a donc, selon Spinoza, la connaissance de lui-même.

On pourrait relever d'autres textes en apparence plus catégoriques encore, ceux notamment où Spinoza affirme que « l'entendement de Dieu, en tant qu'il est conçu comme constituant l'essence de Dieu, est réellement la cause des choses, tant de leur essence que de leur existence »[3]. Il est cependant étrange que l'on fasse état de ces textes pour prétendre que Spinoza voit dans la pensée divine un entendement qui, à ce titre, doit se connaître comme tel. Tout le contexte montre que
73 Spinoza, afin de mieux | combattre les théologiens emprunte leur langage de façon à les presser d'avouer que, s'il y a en Dieu un intellect, il est d'une tout autre nature que l'intellect humain. Douterait-on de ses intentions quand on le voit, au début même de ce scholie, dire expressément : « Je montrerai plus loin que ni l'entendement ni la volonté n'appartiennent à la nature de Dieu » ?

---

1. *Lettre* XLIII, p. 171 ; *Lettre* LVI, p. 201 ; *Lettre* LVIII, p. 207 ; *Lettre* LXXV, p. 242.
2. *Éthique*, II, prop. III, scolie.
3. *Éthique*, I, prop. XVII, scolie.

Les premiers textes allégués seraient donc plus décisifs; mais, en vérité, ils posent la question plutôt qu'ils ne la résolvent. Que le Dieu de Spinoza ait en lui une connaissance de soi, et par là une sorte de personnalité, cela est incontestable. Mais il s'agit de savoir si cette connaissance de soi, dont la condition est l'existence d'un intellect, le caractérise en soi et absolument. Or, dans la *Correspondance* comme dans l'*Éthique*, nous trouvons l'affirmation réitérée que l'intellect, même infini, n'est qu'un mode[1]. Par conséquent, si Dieu se connaît lui-même, ce n'est point par l'attribut de la pensée, mais par le mode qu'est l'intellect, et qui est une suite de cet attribut. En d'autres termes, la conscience de soi n'est pas la caractéristique *absolue* de Dieu; elle est réelle, mais pour être dérivée de la nature de Dieu, non pour la constituer en elle-même.

Invoquera-t-on la 3ᵉ proposition de la 2ᵉ Partie de l'*Éthique*, selon laquelle « il y a nécessairement en Dieu une idée tant de son essence que de ce qui suit nécessairement de son essence », en observant, en outre, que pour Spinoza une idée en tant que telle enveloppe la connaissance d'elle-même[2]? Mais l'expression même *In Deo datur idea* semble bien plutôt indiquer qu'il s'agit d'un mode, puisque le propre d'un mode, c'est précisément | d'être *dans* la substance[3]. De **74** plus, retenons la formule qui sert de principe à la démonstration du théorème : « Dieu peut penser une infinité de choses en une *infinité de modes* » (*Deus infinita infinitis modis cogitare potest*). Elle paraît bien signifier que Dieu, en tant que substance pensante, forme l'idée de Dieu comme une *modification* de la Pensée. Enfin Spinoza nous fournit ailleurs de cette idée de Dieu un autre nom qui nous permet en quelque sorte de la localiser : l'idée de Dieu, c'est au fond la même

---

1. *Lettre* IX, p. 34; *Éthique*, I, prop. XXXI.
2. Cf. *Éthique*, II, prop. XXI, scolie.
3. Cf. *Éthique*, I, déf. V.

chose que l'entendement infini[1]. Or l'entendement infini n'est rigoureusement pour Spinoza qu'un mode.

Voilà comment la connaissance de soi n'appartient pas à la définition absolue de Dieu, mais est une conséquence, du reste nécessaire, de sa nature. Ici encore le rationalisme de Spinoza garde son caractère objectiviste et réaliste, qui consiste, ainsi que le lui reprochera plus tard Fichte, à aller de la Chose, de la Chose infinie, comme condition suprême, à l'Intelligence, comme mode conditionné. Spinoza ne saurait sauvegarder ce qu'il admet de la personnalité de Dieu qu'en le fondant sur la puissance impersonnelle qu'a l'Être de se manifester. Mais d'ailleurs il tient l'intellect infini ou l'idée de Dieu pour le «premier né», c'est-à-dire pour une modification infinie et éternelle, logiquement et réellement antérieure à la production des âmes finies. Par là il se défend de la thèse que l'on pourrait être tenté de lui prêter, et que lui-même a peut-être un moment admise[2], | selon laquelle c'est en l'homme seulement que Dieu prend conscience de lui-même : Dieu prend conscience de lui-même avant de se modifier et de se révéler par les esprits particuliers. De plus, si l'on confronte le système de Spinoza avec les doctrines orthodoxes qu'il a combattues, il faut observer que l'ordre des choses créées commencerait en gros pour ces doctrines, non pas là où pour Spinoza commence la production des modes, mais plutôt là où s'opère le passage des modes infinis aux modes finis[3]. Et ainsi quoique dérivée, et non primitive, la connaissance de soi est en Dieu une conséquence de premier ordre, qui domine la production des choses particulières. Enfin, tout en soutenant que Dieu est cause

75

---

1. *Court Traité*, deuxième partie, chap. XXII, note, p. 176. – Cf. *ibid.*, appendice, II, p. 203-204. *Éthique*, I, prop. XX; II, prop. IV.

2. Cf. *Court Traité*, deuxième partie, chap. XXIV, p. 181.

3. Cf. *Cogitata metaphysica*, pars II, cap. X, t. II, p. 497.

immanente, Spinoza marque très fortement que ce n'est pas Dieu qui est dans le monde, mais le monde qui est en Dieu; son aversion pour l'anthropomorphisme, interprétée par son rationalisme, le sauve d'un certain naturalisme inférieur, en le portant à maintenir une distinction essentielle entre la causalité infinie de Dieu, pleinement définissable par elle-même, et le système des effets qui en résultent même nécessairement. On peut seulement demander jusqu'à quel point s'explique l'apparition de la personnalité et de la conscience sous la loi suprême d'un Être qui *dans sa nature absolue* y est complètement étranger, et qui, s'il est sous un certain aspect la Pensée en soi, n'est point primitivement une Pensée pour soi.

L'ÂME HUMAINE

La conception et la démonstration de l'unité de substance empêchent sans doute que les divers attributs constituent des êtres distincts ; il reste pourtant que les attributs, pouvant être clairement conçus les uns sans les autres, n'ayant besoin chacun que de sa propre notion pour rendre raison de tout ce qu'il est, ne peuvent être causes les uns des autres, par suite agir les uns sur les autres. Les arguments fournis par le *Court Traité*[1] et par l'*Éthique*[2] en faveur de la thèse qu'une substance ne peut être produite par une autre substance, s'appliquent dans le fond aux attributs mêmes. Dès lors, puisqu'il ne peut y avoir entre les divers attributs de rapport de causalité, et que cependant ils constituent un même être, il faut qu'il y ait entre eux un ordre de correspondance, un parallélisme : ce qui découle de la pensée répond symétriquement à ce qui découle de l'étendue, et inversement.

Cette doctrine du parallélisme est exposée et justifiée dans la seconde partie de l'*Éthique*, et elle y est développée jusqu'au point où elle explique la nature de l'âme et l'union de l'âme avec le corps. Peut-être, pour plus de clarté, vaut-il

1. Première partie, chap. II, p. 50, 52 ; appendice, prop. II, p. 198.
2. I, prop. VI.

mieux la présenter d'abord sous sa forme systématique et achevée, avant d'essayer de montrer de quelles idées incertaines ou
contraires elle a dû triompher dans l'esprit de Spinoza.

77 | Tout attribut d'une substance doit être conçu par soi [1]. Par
conséquent les modes de quelque attribut que ce soit n'enveloppent que le concept de l'attribut dont ils sont les modes, non
celui d'autres attributs. Par conséquent les modes de quelque
attribut que ce soit ont pour cause Dieu, en tant que Dieu est
considéré sous le point de vue de l'attribut dont ils sont les
modes, non sous le point de vue d'aucun autre attribut. Ainsi
les objets des idées résultent des attributs dont ils dépendent et
s'en déduisent de la même façon et avec la même nécessité que
les idées résultent et se déduisent de l'attribut de la Pensée [2].
Mais si, à cet égard, les divers attributs et leurs modes respectifs sont irréductiblement distincts, ils ont leurs déterminations
soumises au même ordre et réglées selon les mêmes rapports.
Ordo et connexio idearum idem est ac ordo et connexio rerum,
dit le théorème suivant (VII); proposition que Spinoza formule
encore *Ordo et connexio idearum idem est ac ordo et connexio
causarum* [3]. Les deux formules reviennent en effet au même, si
l'on remarque comment Spinoza démontre la proposition VII,
c'est-à-dire en posant que les idées doivent s'enchaîner
comme s'enchaînent dans la nature la cause et l'effet qu'elles
représentent et en indiquant fortement par là que l'ordre selon
la causalité est véritablement l'ordre réel : *unam eamdemque
causarum connexionem, hoc est easdem res*, dit le scolie
de la proposition VII. Au surplus, ce qui fait que l'ordre et
la connexion des idées sont les mêmes que l'ordre et la
connexion des choses, c'est que c'est la même substance qui
est comprise tantôt sous un attribut, tantôt sous un autre. La

---

1. *Éthique*, I, prop. X.
2. *Éthique*, II, prop. VI.
3. *Éthique*, IX, démonstration.

doctrine du parallélisme | retient donc tout ce qu'enferme 78
d'intelligible la conception de l'unité de substance, combinée
avec l'idée d'attributs hétérogènes. Dieu en ce sens est plus
que la totalité des attributs qui le constituent (*Deus, sive omnia
Dei attributa*); il s'exprime essentiellement en chacun d'eux
par le même ordre, – que le réalisme de Spinoza rapporte à une
même réalité substantielle.

Jointe aux prémisses du système, cette doctrine du
parallélisme des attributs et de leurs modes respectifs permet à
Spinoza d'expliquer ce qu'est l'âme et en quoi consiste l'union
de l'âme avec le corps.

C'est d'abord un axiome[1] que l'essence de l'homme
n'enveloppe pas l'existence nécessaire; il peut arriver en effet
que tel homme existe ou n'existe pas. Donc l'être de la substance n'appartient point à l'homme, puisque l'on sait que
l'être de la substance enveloppe l'existence nécessaire et
qu'en outre la substance a des propriétés, infinité, immua-
bilité, indivisibilité, qui n'appartiennent pas à l'homme. Pour
prêter à l'homme une existence substantielle, on s'appuie
parfois sur une notion défectueuse de l'essence, entendue
simplement comme ce sans quoi une chose ne peut ni exister ni
être conçue; et il est vrai en effet que la nature de l'homme ne
peut ni exister ni être conçue sans des attributs qui sont en un
sens des substances, comme la Pensée et l'Étendue. Mais, pour
définir exactement l'essence, il faut qu'il y ait de plus entre elle
et la chose qu'elle constitue possibilité de conversion, autrement dit, que l'essence se rapporte directement à la chose, et à
la chose seule. Que les choses particulières ne puissent ni être
conçues ni exister sans Dieu, cela ne veut pas dire que | Dieu 79
soit leur essence. Donc, quand même l'homme ne pourrait être

---

1. *Éthique*, II, axiome I.

conçu sans certains attributs substantiels, il ne serait pas pour cela une substance [1].

La nature de l'homme ne peut donc consister qu'en de certains modes. De quelle sorte sont ces modes et comment se rapportent-ils aux attributs? Spinoza, pour en déterminer les caractères principaux, ne peut que recourir à l'expérience, sauf à expliquer ensuite rationnellement ce que l'expérience lui a découvert. Or il retient ici de l'expérience certains faits généraux incontestables, auxquels il donne le même nom qu'aux propositions générales immédiatement évidentes, le nom d'axiomes. (Les axiomes de cette espèce ne sont pas d'ailleurs bien nettement distingués de certaines autres propositions qu'il admet également sans démonstration sous le nom de postulats [2]). C'est donc un fait, valable comme un axiome, que l'homme pense. L'homme est par conséquent une modification de la pensée, c'est-à-dire une idée, et à ce titre il est une âme. Mais cette idée ne peut être l'idée d'une chose qui n'existe pas réellement; car alors elle ne serait pas une idée réelle; elle ne peut être que l'idée d'une chose réellement existante. Quelle peut donc être cette chose? Il faut que ce soit une chose dont l'âme ait connaissance. Or c'est encore un fait, que nous sentons un certain corps et que nous le sentons affecté d'une multitude de manières; c'est également un fait, que nous ne sentons ni ne pensons d'autres choses singulières que des corps et des modes de la pensée. Deux faits, qui sont également énoncés comme axiomes. Il suit de là que l'objet de l'idée qui constitue l'âme humaine, | c'est le corps, ou un certain mode de l'étendue existant réellement, et rien d'autre. Si en effet le corps n'était pas objet de l'âme, les idées des affections du corps ne se trouveraient pas dans l'âme, et elles s'y trouvent.

---

1. *Éthique*, déf. II; prop. X; cf. *Court Traité*, deuxième partie, préface, p. 88-89.

2. Cf. *Éthique*, III, postulat 1, *Hoc postulatum seu axioma…*

Et, d'autre part, l'âme ne peut avoir pour objet que le corps, puisqu'en dehors de son idée comme modification de la pensée, idée qui implique la connaissance de son objet, nous ne percevons rien que des corps. Voilà donc ce qu'est l'âme : essentiellement une idée, et l'idée d'un corps. Essentiellement une idée, car, selon une thèse cartésienne que Spinoza reprend et qu'il érige encore en axiome, tous les états et toutes les affections de l'âme enveloppent des idées ; l'amour, le désir et les autres passions ne peuvent exister sans qu'il y ait dans l'individu où ils se trouvent l'idée de la chose aimée, désirée, poursuivie. Spinoza ne dit plus, comme Descartes, que la pensée est l'essence de l'âme, puisqu'à ses yeux la Pensée est un attribut et l'âme un mode ; mais il maintient que tout état de l'âme est une idée, ou suppose une idée[1]. En retour, contrairement à Descartes, il ne croit pas que l'âme puisse être définie sans l'objet corporel dont elle enveloppe la connaissance, et peut-être pourrait-on dire qu'il y a là une réminiscence indirecte de la conception aristotélicienne qui fait de l'âme la forme du corps[2], mais à la condition d'ajouter immédiatement que la relation de hiérarchie établie par l'aristotélisme entre le corps et l'âme selon les rapports de matière à forme et selon une loi générale de finalité, | fait place ici à une relation de **81** correspondance et même d'identité, excluant en principe toute prééminence de l'âme sur le corps. De plus, Spinoza estime que la façon dont Descartes a entendu l'union de l'âme et du corps est aussi contraire que possible à la règle de l'évidence et introduit des façons de penser plus occultes que ces qualités occultes des scolastiques qu'il a tant combattues. Elle ne saurait expliquer ce qu'elle soutient, c'est-à-dire comment l'âme peut

---

1. Cf. *Court Traité*, appendice II, p. 201 ; *Principia philosophiae carte-sianae*, I, déf., t. II, p. 388 ; prop. IV, scolie, p. 391.
2. Cf. Hamelin, *Sur une des origines du spinozisme*, L'Année philosophique, XIe année, p. 24.

être une source de mouvement ou pour le mouvement donné un principe de direction[1]. La vérité est qu'il n'y a aucun rapport de causalité entre la volonté et le mouvement, et que l'âme et le corps ne sont, sous deux attributs différents, que deux séries de modifications correspondantes d'une même substance qui est Dieu.

Telle est, en ses traits généraux, la doctrine de l'âme et des rapports de l'âme avec le corps que nous offre l'*Éthique*. Or, dans le *Court Traité*, cette doctrine est loin d'apparaître toujours parfaitement constituée ou entièrement cohérente. D'abord, quoiqu'on trouve déjà en certains passages nettement énoncée la théorie qui définit l'âme l'idée du corps[2], Spinoza ailleurs, surtout dans sa théorie de la régénération, paraît admettre que l'âme possède à l'égard du corps une certaine indépendance qui se manifeste par la connaissance vraie et l'union avec Dieu[3]; au contraire, dans l'*Éthique*, ainsi qu'on le verra, l'âme consciente de son éternité et unie à Dieu ne cesse point d'être l'idée du corps humain.

82 | Mais c'est surtout sur la question des rapports de l'âme et du corps que la première pensée ou plutôt les premières pensées de Spinoza sont éloignées de sa pensée définitive. On trouve même dans le *Court Traité* une assertion presque étrange s'il fallait la prendre à la lettre, c'est que « les deux attributs agissent l'un sur l'autre » et qu'« il en résulte une passion produite dans l'un par l'autre »[4]; mais le contexte montre qu'il s'agit dans le fond de l'action réciproque, non des attributs, mais des modes de ces attributs. Ce qu'il y a lieu de

1. *Éthique*, IV, préface.
2. Voir notamment deuxième partie, préface, note, p. 97; chap. XX, note 3, p. 169-170.
3. Deuxième partie, chap. XX, p. 164; chap. XXII, p. 177; chap. XXIII, p. 179.
4. Deuxième partie, chap. XIX, p. 162.

retenir, c'est que Spinoza a d'abord accepté les inconséquences et les expédients qu'il a plus tard reprochés à Descartes; et pourtant son dualisme de la Pensée et de l'Étendue, plus radical que le dualisme cartésien, puisqu'au lieu de reposer simplement sur l'hétérogénéité de deux essences comparées, il était fondé en outre sur l'irréductibilité de tout attribut en général à un autre, aurait dû, semble-t-il, lui faire avouer sans détour et sans délai l'impossibilité d'un rapport d'action réciproque entre l'âme et le corps. L'influence du corps sur l'âme est admise et surtout signalée dans la production de nos perceptions et de nos sentiments[1]. De même est admise l'influence de l'âme sur le corps. Sans doute, observe Spinoza, l'âme est incapable de mouvoir un corps qui lui est étranger, une pierre par exemple; mais elle peut mouvoir son corps parce qu'elle est l'idée de ce corps, et au moyen de cette idée[2]. Néanmoins on sent bien que Spinoza est embarrassé par le principe qu'il pose nettement, « qu'aucun corps qui est entiè-rement au repos ne peut être mû par aucun mode de la pensée »[3], | et on le voit recourir au subterfuge cartésien 83 d'après lequel l'âme, sans mouvoir d'elle-même le corps, peut modifier la direction de son mouvement. On le voit même reprendre, à l'exemple de Descartes, la conception scolastique de l'unité du composé humain[4]. Dans l'*Éthique*, au contraire, Spinoza dira très nettement :

> Ni le corps ne peut déterminer l'âme à la pensée, ni l'âme ne peut déterminer le corps au mouvement et au repos ni à quelque

1. Deuxième partie, chap. XIX, p. 159; note 4, p. 164-165.
2. Deuxième partie, chap. XX, p. 170-171.
3. *Ibid.*, p. 171; cf. deuxième partie, chap. XIX, p. 161.
4. Deuxième partie, chap. XIX, p. 161-163.

autre chose, s'il est quelque autre chose, *ad aliquid (si quid est) aliud*[1].

Cette autre chose, c'est sans doute la direction du mouvement ; et Spinoza condamne catégoriquement, après l'avoir admis, l'artifice qui pose une exception à la règle selon laquelle l'âme ne saurait plus agir sur le corps que le corps sur l'âme.

Pourquoi Spinoza a-t-il pu un moment soutenir qu'un mode d'une certaine espèce est capable d'agir sur un mode d'une autre espèce ? C'est que chaque mode, répond-il lui-même, agit comme partie du Tout[2]. Et ainsi par l'idée de l'unité de la Nature infinie, Spinoza donnait une valeur positive et profonde à l'union de l'âme et du corps qui n'était pour Descartes qu'un fait inexpliqué et en quelque sorte précaire ; seulement, à la notion d'influence réciproque qui n'était qu'une expression irrationnelle de cette union, il a fini par substituer la notion d'une identité réelle produite par la Substance une, et il a tenu finalement l'âme et le corps pour une même chose, exprimée seulement sous deux attributs différents[3].

84 |En somme, dans le *Court Traité*, qui, comme on sait, n'est pas une œuvre homogène et qui représente des moments divers de la pensée de Spinoza, on trouve, à côté de vues plus ou moins différentes de la future doctrine de l'*Éthique*, des vues qui y sont d'avance entièrement conformes. Dans la longue note 3 du chapitre XX[4], dans la préface de la 2e Partie et les notes qui l'accompagnent, dans le second Appendice, on voit soit ébauchée, soit même complètement exposée la doctrine qui part de la Pensée comme comprenant à titre de modes les idées de toutes les choses particulières, et qui aboutit à la définition rigoureuse de l'âme comme idée du corps.

1. *Éthique*, III, prop. II.
2. Deuxième partie, chap. XX, note 3, p. 169.
3. *Éthique*, II, prop. VII, scolie ; V, préface.
4. Pages 169-170.

Cependant cette façon de déduire l'âme, si elle est destinée à résoudre la question de savoir ce qu'est l'homme, n'en dépasse pas moins la portée de l'âme humaine proprement dite : l'explication de l'âme humaine apparaît comme un cas particulier de l'explication de l'âme en général. Au reste, la doctrine du parallélisme, logiquement développée, ne souffre pas que l'on limite à ces modes de la nature naturée que sont les hommes, le genre de distinction à la fois et d'union qui convient aux modes respectifs et correspondants de tous les attributs. Pour tous les modes de tous les attributs, par conséquent pour tous les modes de l'étendue, il y a des idées particulières correspondantes, et ces idées sont autant d'âmes [1]. On peut soupçonner dans cette conception de Spinoza une réminiscence ou une action latente de l'animisme universel des philosophies néo-platoniciennes de la Renaissance. Mais | cet **85** animisme a revêtu ici une forme intellectualiste stricte, qui élimine précisément la notion dont l'animisme dérive, la notion de la ψυχή, de l'*anima*, pour la remplacer par la notion de l'esprit (*mens*) considéré avant tout dans sa fonction conceptuelle. Autrement dit, l'âme est ramenée à l'idée et perd par là ce que lui prête d'ordinaire la représentation confuse de la vie. En cela Spinoza se montre disciple de Descartes qui, entre les substances pensantes et les substances étendues, ne faisait point place à la vie comme réalité propre, qui expliquait tous les phénomènes vitaux par les lois générales du mouvement. Même Spinoza a trouvé dans le cartésianisme des conditions au moins indirectement favorables à la thèse que tout dans l'univers est animé car Descartes, en admettant l'universalité du mécanisme pour tous les phénomènes matériels, ne pouvait plus assigner à la vie mécaniquement produite un

---

1. *Court Traité*, deuxième partie, préface, note, p. 97 ; appendice, II, p. 203-204 ; *Éthique*, II, prop. XIII, scolie.

domaine bien limité et bien clos. Seulement son mécanisme participait naturellement de sa conception de l'étendue, qui n'était point dotée expressément des caractères d'unité, d'infinité et d'indivisibilité que lui attribuera Spinoza. En outre, son dualisme n'intervenait que pour empêcher la confusion des deux grands genres de réalités données dans le monde; ce n'était point le dualisme de la Pensée et de l'Étendue, infinies chacune en son genre, capables chacune de modifications infinies; et ce n'était point le parallélisme. Or c'est le parallélisme, dans le sens où Spinoza l'a admis, qui fait qu'il ne peut pas plus y avoir de limites à la production d'idées modifiant l'attribut de la Pensée qu'à la production d'états corporels modifiant l'attribut de l'Étendue, et d'une façon générale qu'à la production d'états modifiant un attribut quelconque : de tout ce

86 | qui est et de tout ce qui devient il y a donc idée : *Omnia, quamvis diversis gradibus, animata tamen sunt*[1]. Ce que l'on peut continuer à appeler l'animisme de Spinoza vient donc d'un extrême rationalisme uni au parallélisme, d'un rationalisme réaliste qui ne se contente pas de faire de la pensée une forme pour l'explication de réalités existantes, qui en fait aussi une réalité se manifestant par des modes corrélatifs à ceux de ses objets, en un sens même identiques à eux.

Cet animisme universel, qui à certains égards ne semble pas conférer à l'âme humaine une sorte d'existence différente de celle des autres individus, lui réserve cependant à d'autres égards sa supériorité. Dans la formule qui vient d'être citée, remarquons *quamvis diversis gradibus*. Il y a des degrés divers de vie, et la diversité de ces degrés est établie par la façon dont se rapportent entre eux les corps. L'exposé un peu rapide et souvent obscur de sa physique, que Spinoza a donné à la suite

---

1. *Éthique*, II, prop. XIII, scolie.

de la proposition XIII de la 2e Partie de l'*Éthique*[1], paraît destiné à montrer comment dans et par le mécanisme peuvent se composer des individus d'un ordre de plus en plus relevé. – Tous les corps sont en mouvement ou en repos; ils ne se distinguent les uns des autres que par le mouvement ou le repos, la vitesse ou la lenteur; un corps qui est en mouvement ou en repos a dû être déterminé au mouvement ou au repos par un autre corps, celui-ci par un autre, et ainsi de suite (loi de l'inertie); tous les états d'un corps ne résultent donc que du mouvement, mais proviennent à la fois et de la nature du corps mû et de la nature du corps qui imprime le | mouvement. Voilà 87 les lois les plus générales qui peuvent être énoncées des corps les plus simples, *de corporibus simplicissimis*. Mais, outre ces corps les plus simples, il y a des individus, c'est-à-dire des corps composés d'une certaine manière. Quand des corps de même grandeur ou de grandeur différente sont tellement resserrés qu'ils s'appuient les uns sur les autres et se soutiennent réciproquement, ou encore lorsque se mouvant soit avec la même vitesse, soit avec des vitesses inégales, ils se communiquent leurs mouvements selon des rapports déterminés, il y a entre ces corps une union réciproque qui fait d'eux un seul corps, qui constitue avec eux un individu. Or cet individu conserve sa nature, même s'il perd certaines de ses parties, pourvu que ces parties soient remplacées simultanément par un nombre égal de parties de même nature; il la conserve également si les parties qui la composent deviennent plus grandes ou plus petites, à cette condition que le mouvement et le repos de toutes les parties, considérées les unes à l'égard des autres, s'accomplissent selon les mêmes rapports; il la conserve encore si les corps qui la composent détournent sur une partie le mouvement qu'elles avaient vers une autre,

1. Cf. *Court Traité*, note à la préface de la deuxième partie, p. 96-97; appendice, II, p. 205-206.

à la condition qu'ils puissent continuer ce mouvement et se le
communiquer les uns aux autres selon les mêmes rapports
qu'auparavant ; enfin l'individu conserve toujours sa nature,
qu'il se meuve dans toutes ses parties ou qu'il reste en repos,
que son mouvement ait telle direction ou telle autre, pourvu
que chaque partie garde son mouvement et le communique aux
autres comme auparavant. Ainsi un individu composé peut
être affecté d'une multitude de manières tout en conservant sa
nature. Et nous pouvons concevoir des individus formés, non

88 pas seulement | des corps les plus simples, mais d'autres indi-
vidus, et ainsi de suite, si bien que la nature entière nous apparaît elle-même comme un individu unique dont les parties,
c'est-à-dire les corps, varient d'une infinité de manières sans
que lui-même subisse d'altération. Avec cette notion de l'individualité, nous pouvons en tout cas admettre que le corps
humain est un individu composé de plusieurs individus de
natures diverses, dont chacun lui-même est fort composé, que
par là même il est affecté d'un grand nombre de façons par les
corps extérieurs, mais qu'il peut aussi dans de certaines conditions maintenir sa nature. Parallèlement l'idée qui constitue
l'âme humaine n'est pas simple ; elle est composée de toutes
les idées de toutes les parties qui composent le corps humain [1].

Cette conception spinoziste de l'individualité, quand on
l'examine de près, paraît bien dépasser le mécanisme, du
moins le mécanisme brut. Certes Spinoza paraît ne faire appel
qu'à des causes mécaniques pour expliquer ce rapprochement
des corps qui constitue l'individualité et pour définir les conditions du maintien de cette individualité même. Mais il traite
l'union d'où résulte l'individu mieux que comme un effet
accidentel : il lui attribue une nature propre ; il se sert à maintes
reprises du terme de « forme » pour la caractériser, et l'on sait

1. *Éthique*, II, prop. xv.

que ce terme de forme, hérité de la scolastique, désigne ce qu'il
y a de plus réel. Par surcroît, à la forme de l'individu corporel
doit correspondre dans la pensée une idée, et si l'âme, en tant
qu'idée du corps, est l'idée de ses parties, elle doit être aussi
l'idée de leur union. Spinoza dira dans la 5e partie de
l'*Éthique*[1] qu'il y a en Dieu une idée qui | exprime l'essence **89**
de tel ou tel corps humain, *hujus et illius corporis humani.*

Comment ne pas voir là une subordination implicite, mais
très certaine, du mécanisme à des principes qui le dominent ou
le spécifient ? D'abord le mécanisme de Spinoza diffère du
mécanisme de Descartes. Sans doute Descartes a dit que le
corps par son organisation forme un tout et une unité qui
servent à l'âme d'intermédiaire pour s'unir à lui. Mais de cette
organisation, en tant que telle, il n'admet pas d'expression
idéale spécifique, et il reste fidèle en somme aux exigences du
mécanisme qui va des parties au tout sans donner au tout une
valeur propre d'unification. Au contraire, chez Spinoza, le tout
dans l'individu s'impose en quelque mesure aux parties dont il
est l'union ; il a sa loi propre d'existence et de développement.
Du reste, est-ce un mécanisme pur et simple qu'un mécanisme
dont les productions réalisent des essences ? Il rentre par là,
semble-t-il, dans le système de Spinoza quelque chose de très
analogue à la finalité, – non pas à cette finalité externe et transcendante qu'il a si vivement combattue, mais à cette finalité
interne et immanente dont il n'a pas conçu la formule explicite, et qui pose dans l'individu le tout comme la raison des
parties. Justement dans un passage de la *Critique de la faculté
de juger* (§ 80), Kant reproche à Spinoza, non pas d'avoir
méconnu la finalité, mais d'en avoir donné une expression
insuffisante, en n'expliquant pas la contingence qu'ont vis-
à-vis du mécanisme les productions de la nature, et en rempla-

1. Proposition XXII.

çant l'idée d'une intelligence suprême, nécessaire à la représentation du système des fins, par l'affirmation de l'unité ontologique de la substance engendrant tout avec nécessité. Par ses réserves, Kant marque ce qu'exige une interprétation à la fois idéaliste et critique de la finalité; mais par son observation antérieure, il reconnaît qu'il y a une sorte d'acceptation de la finalité dans la position de l'unité absolue de l'Être comme antérieure aux modes qu'elle comprend, comme principe de leur enchaînement. Rappelons-nous d'ailleurs ce que Spinoza a dit de l'étendue en elle-même, qu'elle est infinie, continue, indivisible; n'est-ce pas parce qu'ils empruntent plus à cette richesse dans l'unité que les corps les plus composés sont d'une certaine manière les plus parfaits, et ne sont-ce pas les corps les plus simples qui, étant conçus d'abord dans une sorte d'isolement, sont ce qu'il y a de moins concret, de moins intelligible et presque de plus imaginaire? Et ceci en tout cas nous ramène à une constatation qui vérifie pour une part cette interprétation: c'est que le mécanisme est seulement la loi des modes qui se conditionnent les uns les autres: il ne se réfère qu'à la causalité externe. La causalité interne, qui part de Dieu pour descendre graduellement jusqu'aux essences des modes finis, fait du mécanisme une explication subordonnée. À sa façon, le spinozisme admet donc ce que d'autres doctrines exprimeront ou justifieront plus complètement: qu'il y a un accord du mécanisme et de la réalité interne ou essentielle, et un accord dans lequel c'est la réalité interne ou essentielle qui domine le mécanisme.

NATURE ET DEGRÉS DE LA CONNAISSANCE

La connaissance, dans la doctrine de Spinoza, tient son importance première et essentielle de ce qu'elle représente et assure à l'homme l'objet suprême de ses tendances et de son amour; aussi le *Court Traité* ne l'analyse-t-il guère qu'à cet effet, et se préoccupe-t-il aussi peu que possible des caractères et des procédés du savoir proprement scientifique. C'est seulement le *De intellectus emendatione* qui, sans oublier que la fin de toutes les sciences est la perfection humaine, aborde l'examen de la nature et des conditions d'une connaissance explicative certaine. L'*Éthique*, en dernier lieu, manifeste complètement la liaison que Spinoza s'est efforcé d'établir entre la connaissance qui explique et la connaissance qui sauve. Tâchons de suivre le progrès qu'a accompli sur ce sujet la pensée spinoziste.

Dans le *Court Traité*, la connaissance est décrite comme une action de la chose connue sur l'esprit connaissant.

> Le connaître est une pure passion, c'est-à-dire une perception dans l'âme de l'essence et de l'existence des choses de sorte que ce n'est pas nous qui affirmons ou nions jamais quelque

chose d'une chose, mais c'est elle-même qui en nous affirme ou nie quelque chose d'elle-même [1].

92 En conformité avec cette façon | d'entendre la connaissance, en conformité aussi avec des définitions traditionnelles, Spinoza comprend alors la vérité comme l'accord de la pensée et de la chose. Cependant il se pose la question de savoir comment quelqu'un peut être averti que sa pensée s'accorde avec la chose ou non, et il répond avec Descartes que c'est l'évidence qui certifie la pensée de chacun. Si les idées fausses ne peuvent pas témoigner directement de leur fausseté, les idées vraies au contraire font reconnaître immédiatement par leur clarté qu'elles sont vraies, et elles signalent ainsi les idées fausses. Celui qui est dans l'erreur peut s'imaginer être dans la vérité, comme quelqu'un qui rêve peut croire qu'il veille ; mais jamais celui qui veille ne peut penser qu'il rêve. C'est le propre de la vérité de se révéler d'elle-même comme telle, en excluant tout doute sur elle [2]. Spinoza juxtapose dans le *Court Traité* à la conception qui définit la vérité par cette propriété extrinsèque qu'est l'accord de l'idée avec l'objet une conception qui la définit par cette propriété intrinsèque qu'est la clarté même de l'idée, et il n'assure pas encore à la seconde une prépondérance décisive sur la première.

D'où vient pourtant l'erreur, si l'idée fausse est, comme l'idée vraie, un effet de l'action de la chose sur notre esprit ? De ce que la chose, dans bien des cas, n'agit sur nous que par une partie d'elle-même, et de ce que nous considérons l'idée qui représente cette action partielle comme si elle représentait une action totale. Ainsi s'ajoute à l'idée qui vient de l'objet une imagination qui vient de nous [3], Spinoza, ici encore, rapporte

1. Deuxième partie, chap. XVI, p. 149 ; cf. chap. XV, p. 143-144 ; chap. XVII, p. 153 ; chap. I, p. 101, note.
2. Chap. XV, p. 143.
3. Deuxième partie, chap. XV, p. 144 ; chap. XVI, p. 150.

donc à une imparfaite action de la chose le défaut qui est l'origine de l'erreur, et qu'il découvrira plus | tard au sein de **93** l'idée même, dans sa confusion et dans son manque de connexion rationnelle.

Quant à l'acte par lequel nous affirmons ou nous nions, Spinoza, comme Descartes, l'attribue à la volonté, et pour cela il distingue la volonté du désir qui est la tendance de l'âme à rechercher ce qu'elle reconnaît comme bon[1]. Mais, à l'encontre de Descartes, il ne souffre pas que la volonté, comme faculté d'affirmer ou de nier, soit libre : d'abord parce que la volonté, n'ayant pas une essence qui enveloppe l'existence, est nécessairement déterminée à être et à agir par quelque cause externe ; ensuite parce que toute affirmation résulte de l'action de la chose sur nous, qu'elle est en quelque sorte la chose s'affirmant elle-même en nous. Au reste, la volonté, conçue comme distincte de telle ou telle affirmation, conçue comme libre à cause de l'indétermination que lui prête ce caractère de généralité, n'est qu'un être de raison[2]. Par cette exclusion du libre arbitre, Spinoza efface déjà le sens de la distinction cartésienne entre l'idée, qui appartient à l'entendement, et le jugement, qui relève de la volonté ; il tend directement à la doctrine de l'*Éthique*[3] d'après laquelle, volonté et entendement ne faisant qu'un, toute idée enveloppe l'affirmation d'elle-même.

Ce que le *Court Traité* met le plus en relief au sujet de la connaissance, c'est la diversité de ses degrés. Il y a trois degrés de la connaissance (on peut en compter quatre si l'on subdivise, comme le fait parfois Spinoza, le premier : pour éviter toute complication, arrêtons-nous à trois) : 1) connaissance par opinion, cette | opinion ou bien étant acquise par ouï- **94** dire, ou bien étant formée par des expériences particulières ;

---

1. Cf. *Éthique*, II, prop. XLVIII, scolie.
2. Deuxième partie, chap. XVI, p. 145-151 ; chap. XVII, p. 152-154.
3. *Éthique*, II, prop. XLIX.

2) croyance droite, ou connaissance fondée sur des raisonnements, qui, par suite, n'atteint la chose que par l'intermédiaire
de ces raisonnements ; 3) connaissance absolument claire et
distincte, qui vient d'une appréhension directe et comme de la
jouissance de la chose même. – Le premier mode de connaissance est communément sujet à l'erreur ; le second et le troisième, malgré leurs différences profondes, ne peuvent nous
tromper.

De ces divers degrés de connaissance, Spinoza offre un
exemple qu'il reprendra dans le *Traité de la Réforme de
l'entendement* et dans l'*Éthique* ; trois nombres sont donnés ;
on en cherche un quatrième qui soit au troisième comme le
second est au premier. On peut avoir entendu dire qu'il faut
pour cela multiplier le second nombre par le troisième et divi-
ser le produit par le premier ; cette règle, on ne sait pas sur quoi
elle est fondée, on l'applique aveuglément : c'est la connaissance d'opinion par ouï-dire ; ou bien on applique la règle pour
l'avoir vérifiée dans certains cas ; on en use comme d'un
procédé qui a réussi : c'est la connaissance d'opinion par expérience. En second lieu, on peut connaître les principes et les
règles de la proportionnalité des nombres, dont l'application à
tel cas particulier rend tel résultat nécessaire : c'est la connaissance par la vraie foi. Enfin on peut saisir immédiatement par
intuition le nombre qui est le quatrième terme cherché de la
proportion : c'est la connaissance claire [1].

Cette façon de marquer les degrés de la connaissance,
95 et l'expression même de croyance droite ou de | vraie foi pour
désigner l'un d'eux rappellent le platonisme, qui certainement
là-dessus, par quelque intermédiaire, a inspiré Spinoza. Il y a là
en tout cas quelque chose que l'on ne trouve pas, au moins
nettement, chez Descartes. Descartes se borne à établir une
opposition entre la connaissance claire et distincte d'une part,

---

1. Deuxième partie, chap. I.

la connaissance obscure et confuse de l'autre, et par conséquent, malgré une tendance à l'atténuer en quelques points,
une opposition entre l'entendement d'une part, l'imagination
et les sens de l'autre. Sans doute il a admis un rôle de l'intuition
comme de la déduction dans la connaissance claire; mais,
outre qu'il s'est expliqué sur le rôle des deux principalement
dans les *Regulae* que n'a pas eues en main Spinoza, il a
beaucoup plus rapproché la déduction, et l'intuition que
Spinoza ne rapproche la vraie foi et la connaissance absolument claire, et il n'a attribué à l'intuition que le pouvoir de
saisir immédiatement des vérités simples, tandis que Spinoza
lui confère la perception directe du réel, la jouissance de la
chose même. La conception spinoziste de la connaissance
suprême, dans le *Court Traité*, paraît donc plutôt avoir
d'étroites affinités avec le platonisme, ou pour mieux dire,
avec le néo-platonisme.

Sur la nature et l'objet de la croyance droite comme sur le
rapport qu'elle a avec la connaissance claire et distincte, le
Court Traité est loin d'apporter des vues fermes et parfaitement cohérentes d'apparence. La croyance droite, ou la raison,
nous apprend ce qu'il faut que la chose soit, non ce qu'elle est
véritablement : elle ne nous unit donc pas à son objet. En
quoi contribue-t-elle à notre savoir théorique? Spinoza ne le
dit point. En retour il lui attribue la propriété de concevoir
| l'homme parfait et de déterminer les moyens d'arriver à cette 96
perfection[1]. Mais il a précédemment déclaré[2], et il répète ici
que le bien et le mal sont de simples êtres de raison; que le bien
n'est tel que pour quelqu'un et par rapport à autre chose; que
les types généraux d'après lesquels on établit ces qualifi-
cations relatives de bien et de mal n'ont aucun fondement dans

1. Deuxième partie, chap. IV.
2. Première partie, chap. X, p. 94-95.

la réalité[1]. Dès lors on se demande, surtout s'il est admis que la connaissance procède de l'action de l'objet, comment la raison en vient à forger ces concepts qui ne représentent rien en dehors de l'esprit, et comment il n'en résulte pas pour elle, du fait de les forger, une connaissance illusoire plutôt qu'une connaissance vraie. Peut-être Spinoza a-t-il voulu signifier que la croyance droite, n'atteignant pas directement le réel dans ses déterminations individuelles et concrètes, le tourne en quelque sorte et le représente par des concepts ou des procédés logiques généraux[2]. Mais la question reste non élucidée de savoir la relation qu'il y a entre de simples modes de penser et des êtres réels, et Spinoza n'est pas encore arrivé à considérer qu'il y a d'autres notions que des notions générales pour être le fondement d'une connaissance discursive vraie.

Une autre source de difficultés tient à ce que la ligne de démarcation établie entre la croyance droite et la connaissance claire n'est pas toujours respectée. En principe, la croyance droite est incapable de nous assurer le salut car, ne créant pas une union immédiate avec son objet, elle est impuissante à surmonter la jouissance directe d'un bien sensible; c'est seulement à la connaissance claire et distincte qu'il revient de 97 | produire la santé de l'âme et la béatitude[3]. Cependant dans d'autres passages[4], Spinoza semble attribuer à la croyance droite une bonne part des effets salutaires qui paraissaient réservés à la connaissance claire. Peut-être son exacte intention était-elle de montrer dans la croyance droite une façon d'écarter les obstacles et de préparer les voies à la régénération

1. Cf. *Éthique*, IV, préface.

2. Voir deuxième partie, chap. IV, p. 113.

3. Deuxième partie, chap. XXI, XXII; cf. chap. XIV, p. 140; chap. XIX, note 1, p. 158.

4. Deuxième partie, chap. IV, p. 111; chap. V, p. 117; chap. XVIII; début du chap. IX.

que seule la connaissance claire est véritablement capable d'opérer.

Quant à la connaissance claire, si elle peut, ainsi qu'en témoigne l'exemple donné par Spinoza, s'appliquer à des objets de diverse sorte, elle ne saurait être dans sa perfection que la connaissance de Dieu car alors elle est absolument immédiate et ne dépend d'aucune autre, de même que Dieu est absolument par soi et ne dépend de rien d'autre; en même temps elle nous révèle que nous ne pouvons sans Dieu ni exister ni être conçus, et elle fait de ce lien de dépendance un lien d'amour[1].

Avec le traité de la *Réforme de l'entendement* la théorie spinoziste de la connaissance accomplit un progrès très considérable : et d'abord ce progrès qui consiste à accorder plus intimement l'explication de la connaissance avec les principes du système; et aussi ce progrès qui consiste à envisager de près dans la connaissance sa fonction proprement scientifique et ses méthodes régulières.

La connaissance n'est plus présentée comme le résultat d'une influence de la chose sur l'esprit. La doctrine du parallélisme des attributs, dont la signification | est épistémologique 98 en même temps que métaphysique, sans être littéralement invoquée, est rigoureusement appliquée. Au lieu d'exprimer l'action totale des objets, les idées vraies expriment l'action propre de l'esprit; elles dérivent les unes des autres à partir du principe premier et selon des rapports qui traduisent la connexion réelle des choses[2]. Ce n'est donc pas par des caractères extrinsèques qu'elles révèlent leur vérité, mais par des caractères intrinsèques, qui sont avant tout leur clarté et

1. Deuxième partie, chap. XXII, p. 176.
2. *De emendatione*, t. I., p. 13-14, 29-31, 35.

leur distinction[1]. De là résulte que, tout en ayant des objets hors d'elles, elles sont certaines d'elles-mêmes sans requérir aucune autre marque de leur certitude. De là résulte encore que la méthode n'est point un procédé en vue d'atteindre les idées vraies, mais le procédé immanent à ces idées, par lequel elles s'engendrent selon l'ordre régulier. C'est de la possession d'une première idée vraie quelle qu'elle soit, que l'entendement, par sa puissance native, se fait un instrument pour la production de nouvelles œuvres intellectuelles[2].

Ainsi les idées claires et distinctes, qui sont les idées propres de l'entendement, découlent de la seule nécessité de sa nature et dépendent de sa puissance seule[3]; elles manifestent sa pure activité. De l'imagination au contraire, faculté passive dont le cours est déterminé par la succession fortuite de causes extérieures, naissent les idées obscures et confuses telles que sont les idées fictives, fausses ou douteuses[4]. Quand elles portent sur des essences, les idées fictives apparaissent comme composées, – car le simple comme tel est l'objet d'une connaissance claire et distincte, – et composées d'éléments incompatibles, c'est-à-dire incapables de se ramener à des rapports simples; quand elles portent sur les existences, les idées fictives admettent certaines choses comme possibles, faute d'en comprendre soit l'impossibilité, soit la nécessité. Les idées fausses ne diffèrent des idées fictives que parce qu'elles ne s'accompagnent point de la conscience qu'elles sont forgées : elles captent l'assentiment sans correctif et sans contrôle. Enfin les idées douteuses sont telles uniquement parce qu'étant obscures et confuses, elles se trouvent dans l'esprit en conflit avec d'autres idées qui, n'étant pas elles-

---

1. *De emendatione*, p. 23.
2. *Ibid.*, p. 10-14.
3. *Ibid.*, p. 36.
4. *Ibid.*, p. 28-30. Cf. *Lettre* XXXVII, t. II, p. 144.

mêmes parfaitement claires et distinctes, n'ont point la vertu de les dominer[1]. Spinoza, pour expliquer la différence de la connaissance certaine et des connaissances incertaines ou erronées, s'approprie donc la distinction cartésienne de l'entendement et de l'imagination, mais de telle sorte qu'il la tient pour suffisante, et qu'il ne fait intervenir ni dans le jugement le libre arbitre, ni dans le doute des raisons telles que l'hypothèse du malin génie[2]. Fictives, fausses ou douteuses, les idées n'ont à ce titre rien de positif, rien même qui leur assure la conscience d'être telles : elles ne peuvent s'estimer ainsi que par rapport aux idées vraies qui sont la mesure de tout le savoir[3].

Le *De Emendatione* comme le *Court Traité* expose la nature et la portée des divers modes de connaissance, et entre les deux expositions il y a de sensibles analogies; mais il y a aussi des différences notables, plus même, semble-t-il, qu'on ne le remarque d'ordinaire. Voici les quatre modes de connaissance que distingue maintenant Spinoza : 1) perception par ouï-dire ou par quelque signe conventionnel : par exemple, je | sais seulement par ouï-dire quel est le jour de ma naissance; 100 2) perception acquise à l'aide d'une expérience vague, c'est-à-dire d'une expérience qui n'est point déterminée par l'entendement, et qui consiste simplement à constater que tel fait se passe d'ordinaire ainsi, et n'a point trouvé, du moins à nos yeux, d'autre fait pour le contredire : par exemple, je sais que je dois mourir, que l'huile a la propriété d'entretenir la flamme, et l'eau celle de l'éteindre; 3) perception dans laquelle l'essence d'une chose se conclut d'une autre chose, mais non adéquatement, comme lorsque l'on infère d'un effet une cause, ou comme lorsque l'on raisonne à partir de quelque

---

1. *De emendatione*, p. 16-27.
2. *Ibid.*, p. 27.
3. *Ibid.*, p. 20, 36.

caractère général qui accompagne une certaine propriété. Par exemple, ayant perçu que nous sentons tel corps et non pas un autre, nous concluons que notre âme est unie à notre corps, et que cette union est la cause de la sensation; mais nous ne connaissons pas ainsi la nature de cette union ni de la sensation; ou encore, sachant que c'est une propriété générale de la vue de faire apparaître les mêmes choses plus petites à une plus grande distance, nous concluons que le soleil est plus grand qu'il ne paraît; mais nous ne déterminons pas par là la grandeur du soleil; 4) perception qui nous fait saisir la chose par sa seule essence ou par sa cause prochaine. Percevoir une chose par sa seule essence, c'est, par exemple, en vertu de la connaissance qu'on a de l'essence de l'âme, savoir qu'elle est unie au corps; c'est encore savoir que deux et trois font cinq, que deux lignes parallèles à une troisième sont parallèles entre elles, etc. Toutefois, ajoute Spinoza, les choses que j'ai pu jusqu'à présent saisir par ce mode de connaissance sont en fort petit nombre[1]. Ici encore, pour offrir un | exemple commun à ces divers modes de connaissance, il indique les différentes façons dont on peut découvrir le terme inconnu d'une proportion dont les trois autres termes sont donnés : il fait correspondre au troisième mode de connaissance l'opération fondée sur les règles générales de la proportionnalité des nombres et au quatrième mode l'intuition directe et adéquate de la proportion particulière en question[2].

La connaissance qui n'est obtenue que par ouï-dire doit être exclue de la science; car, non seulement elle est tout à fait incertaine, mais encore elle ne porte que sur l'existence singulière d'une chose sans en atteindre l'essence. De même pour la connaissance par expérience vague; car, outre qu'elle ne peut jamais épuiser l'expérience réelle ou possible, elle est privée

1. *De emendatione*, p. 7-9.
2. *Ibid.*, p. 9.

de cette connaissance des essences qui seule lui permettrait de
faire fond sur les accidents qu'elle observe. Le troisième mode
de connaissance est sûr; mais il suppose son objet plutôt qu'il
ne le pose directement et sans détour. Seul, le quatrième mode
saisit l'essence adéquate de la chose, sans risque d'erreur.
C'est donc à mettre en œuvre ce quatrième mode de connaissance que nous devons nous employer : le *Traité de la Réforme
de l'entendement* s'est principalement proposé d'expliquer
par quelle méthode.

Or que comprend ce quatrième mode de connaissance?
Sont-ce uniquement des objets intuitivement saisis? On l'a
généralement cru pour cette raison que Spinoza, après l'avoir
défini, ne fournissait ou ne paraissait fournir que des exemples
d'intuition. Mais alors pourquoi aurait-il développé dans son
Traité surtout une théorie de la déduction, entendue comme un
procédé entièrement différent de celui qui consiste, | selon le 102
troisième mode de connaissance, soit à remonter de l'effet à la
cause, soit à conclure d'une notion universelle quelque propriété déterminée? Observons, en outre, que le quatrième
mode de connaissance doit comprendre des objets, non seulement par leur seule essence, mais encore par leur cause prochaine, et que c'est là pour Spinoza une nécessité rigoureuse
quand il s'agit d'objets créés. Par exemple, ajoute-t-il, on
devra ainsi définir le cercle : une figure décrite par une ligne
quelconque dont une extrémité est fixe, et l'autre mobile : cette
définition contiendra en elle la cause prochaine. Seuls, des
objets incréés peuvent être compris par leur seule essence [1].
Mais il apparaît en tout cas que le quatrième mode de connaissance est autant la déduction véritable que l'intuition.

Car pour suivre la génération rationnelle des objets créés
(c'est-à-dire des modes finis), il ne faut pas oublier ce
qu'avaient dit les anciens, que la vraie science procède de la

1. *De emendatione*, p. 32.

cause aux effets[1]. Spinoza veut donc restaurer, peut-être à
l'encontre de l'empirisme de Bacon, la méthode déductive,
conforme d'ailleurs, non point à celle des scolastiques, mais
plutôt à celle de Descartes. Quand il s'agit d'étudier des choses
réelles, on doit bien se garder, dit-il, de raisonner à partir de
notions abstraites et universelles ; on doit faire attention que les
choses à expliquer sont des choses particulières et que l'entendement avec ses axiomes généraux ne peut descendre jusqu'à
elles. La meilleure conclusion sera toujours celle qui se tire
d'une essence particulière affirmative ; plus une idée est
spéciale, plus elle est distincte, et claire par conséquent[2]. Dans
la suite des causes, il faudra donc toujours aller d'un être réel à
un être réel. Mais ce n'est | point dire que l'on doive se conten-
ter d'observer les choses dans leur ordre de changement et
dans leur succession ; car les circonstances de leur apparition
d'abord vont à l'infini, et ensuite ne nous apprennent rien de
leur essence.

> Cette essence ne peut être demandée qu'aux choses fixes et
> éternelles et en même temps aux lois qui y sont inscrites comme
> dans leurs véritables codes et selon lesquelles toutes les choses
> singulières se produisent et s'ordonnent… Ces choses fixes
> et éternelles, bien qu'elles soient singulières, seront donc pour
> nous, à cause de leur présence partout et de leur puissance qui
> s'étend au plus loin, comme des universaux ou des genres de
> définitions de choses singulières[3].

Que sont donc ces choses fixes et éternelles qui permettent à
la déduction de saisir les essences des êtres particuliers ? Ce ne
peuvent être dans la pensée de Spinoza que les attributs et les
modes infinis ; ainsi les lois du mouvement expliquent la génération par l'étendue de l'innombrable variété des figures, et

---

1. *De emendatione*, p. 29.
2. *Ibid.*, p. 31-32, p. 25-26.
3. *Ibid.*, p. 33.

par suite des corps particuliers; ces attributs et ces modes infinis, on peut les appeler des universaux si l'on songe au rôle qu'ils jouent comme principes communs d'explication des choses particulières; mais ils sont en eux-mêmes singuliers, car ils ne sont pas telle ou telle qualité générale; ils ont chacun une réalité constituée par une nature absolument unique.

Tel est donc le caractère et tel est le fondement de la déduction qui doit comprendre les choses par leur cause prochaine et non pas seulement par leur essence. Spinoza veut évidemment ici rapprocher la certitude de la déduction, telle qu'il l'entend, de celle de l'intuition, tout en paraissant réserver l'intuition à la connaissance des choses incréées qui peuvent se | comprendre entièrement par leur essence seule. Le 104 *Court Traité*, élevant l'intuition fort au-dessus du raisonnement, lequel est inadéquat, lui assignait pour objet principal Dieu; le *Traité de la Réforme de l'entendement* fait de la déduction un procédé à la fois certain et adéquat, et semble mettre sous son empire toute la connaissance des êtres créés, tandis que l'*Éthique* introduira nettement l'idée d'une intuition immédiate en Dieu des essences éternelles des êtres particuliers. Ici donc Spinoza s'attache surtout à expliquer comment la vraie connaissance, allant de la cause à l'effet ou du principe à la conséquence, doit toujours partir de l'existence d'un Être qui soit cause et principe de tout, de telle façon que de l'idée de cet Être elle dérive avec certitude toutes les idées qui représentent l'ordre et l'enchaînement de la nature [1].

Ce n'est pas à dire qu'il ait négligé l'utilité de l'expérience autre que l'« expérience vague »; il a eu au contraire le dessein de la montrer, tout en voulant sans doute combattre la méthode des « empiriques » [2]; mais par suite de l'inachèvement de son Traité, il se trouve ne l'avoir qu'à peine indiqué. Quelles

---

1. *De emendatione*, p. 32-33, p. 13.
2. *Ibid.*, p. 10, note.

choses doivent être connues et dans quel ordre, nous ne
pouvons l'apprendre, pour les raisons qui ont été dites, de
la simple succession des existences mais nous ne pouvons
l'apprendre non plus de la considération des choses éternelles,
car dans l'éternité tout est donné à la fois. Il nous faudra donc
d'autres secours; il nous faudra

> savoir nous servir de nos sens et faire d'après des règles et dans
> un ordre arrêté des expériences suffisantes pour déterminer la
> chose que nous étudions, de façon à en conclure enfin selon
> quelles lois des choses éternelles elle est faite et à voir | se
> révéler à notre connaissance sa nature intime [1].

105

L'expérience paraît donc indispensable peur déterminer les
données des questions à résoudre, quand il s'agit des choses
créées dont l'essence n'enveloppe pas l'existence [2] mais
c'est à l'entendement seul qu'il appartient de résoudre ces
questions, et par des raisons qui expriment les choses non tant
dans la durée que sous une certaine forme d'éternité [3].

L'*Éthique* systématise la théorie qu'a exposée le *De
Emendatione* et à laquelle elle renvoie [4]; en outre, elle la
présente ou la modifie de façon à coordonner la fonction
scientifique et la fonction pratique ou religieuse de la
connaissance.

D'abord, selon la conception expresse du parallélisme, la
convenance avec l'objet, si elle sert toujours à définir la
vérité [5], n'est plus tenue cependant que pour une dénomination
extrinsèque de l'idée vraie; l'idée et son objet sont une même
réalité, exprimée seulement sous deux attributs différents; par

---

1. *De emendatione*, p. 34.
2. Cf. *Lettre* X, t. II, p. 35.
3. *De emendatione*, t. I, p. 36.
4. *Éthique*, II, prop. XI, scolie.
5. *Éthique*, I, axiome VI.

suite, l'idée comme telle n'est pas reçue de l'objet; elle est un concept que l'âme se forme à titre de chose pensante[1]. L'idée vraie, avant de s'accorder avec son objet ou idéat, a des caractères intrinsèques qui la font telle. Et c'est aussi par ces caractères intrinsèques qu'elle se révèle vraie; car lorsqu'on a une idée vraie, on sait en même temps qu'on l'a; la vérité est à elle-même sa propre norme[2].

En principe, toutes les idées sont vraies, puisqu'elles résultent nécessairement de l'essence divine; il n'y a rien en elles de positif qui en constitue la fausseté[3]. | D'où vient **106** pourtant que nous nous trompons? De ce que certaines idées, au lieu de se rapporter à Dieu en tant qu'il constitue l'ordre total de la nature, se rapportent à Dieu en tant qu'il constitue des âmes humaines particulières, c'est-à-dire des idées de corps particuliers; et ainsi les affections de chaque corps humain, au lieu de se laisser ramener à l'enchaînement causal qui lie les modifications de tous les corps d'un même univers, ramènent à elles les affections des corps extérieurs comme à une sorte de réalité plus ou moins détachée de l'ensemble; et ainsi encore les idées des affections du corps humain comme des affections des corps extérieurs qui le modifient, au lieu de conformer en chaque âme la connaissance à l'ordre véritable de la nature universelle, se proportionnent à l'individualité en quelque sorte isolée de cette âme; elles se succèdent selon les rapports fortuits qu'a cette âme avec les objets extérieurs, loin de se lier selon les rapports réels et nécessaires que cette âme a dans le fond avec le tout dont elle fait partie[4]. Ce sont des idées confuses, inadéquates, c'est-à-dire « comme des conséquences

---

1. *Éthique*, II, déf. III et IV, prop. V.
2. *Éthique*, II, prop. XLIII.
3. *Éthique*, II, prop. XXXII-XXXIII.
4. *Éthique*, II, prop. XVI-XXXVI.

séparées de leurs prémisses »[1]. Elles rendent l'âme passive, car bien qu'elles ne soient pas engendrées rigoureusement par l'influence des choses extérieures, elles ne font que reproduire la série variable et le plus souvent incohérente des affections du corps, tandis que les idées claires et distinctes, les idées adéquates, n'appartiennent pas seulement à l'âme comme chose pensante, elles expriment sa nature la plus intime et la plus essentielle; elles sont son action même : *Nos eatenus tantummodo agimus quatenus intelligimus*[2].

| L'erreur a son origine dans les idées inadéquates, ou plutôt dans le caractère inadéquat de certaines idées; car les idées inadéquates ne sont pas fausses en tant qu'idées; elles ne peuvent le devenir qu'à l'occasion du défaut de connaissance qu'elles enveloppent, et qui les privent de connexion rationnelle avec les autres idées prises dans leur ensemble. Elles ne deviennent effectivement fausses qu'en s'attribuant la valeur d'idées adéquates. Quand nous contemplons le soleil, nous nous imaginons qu'il est éloigné de nous d'environ deux cents pieds; c'est là une idée inadéquate. Or l'erreur ne consiste pas précisément dans cette idée, qui contient même quelque chose de positif et de vrai, puisqu'elle exprime l'espèce d'affection nécessairement suscitée dans notre corps par le soleil; elle consiste en ce que nous prenons l'idée de la distance imaginée pour la distance véritable, faute d'avoir une idée adéquate de cette dernière. L'erreur n'est pas l'ignorance pure et simple; elle est l'ignorance de la vérité complète qui fait que nous prenons pour complète une vérité plus ou moins incomplète[3].

Cette théorie spinoziste de l'erreur se rapproche de la théorie cartésienne en ce qu'elle n'admet dans l'erreur rien de positif mais elle s'y oppose très vigoureusement en ce qu'elle

---

1. *Éthique*, II, prop. XXVIII.
2. *Éthique*, IV, prop. XXIV. Cf. *Éthique*, III, prop. I, prop. III.
3. *Éthique*, II, prop. XVII, scolie; prop. XXXV.

ne consent à admettre pour l'explication de l'erreur ni la
dualité ni à plus forte raison la disproportion de l'entendement
et de la volonté : il n'y a pas de volonté qui puisse affirmer quoi
que ce soit par delà l'entendement, conçu comme l'ensemble
des idées ; volonté et entendement ne font qu'un ; c'est-à-dire
que toute idée tend d'elle-même à s'affirmer, et que la force
réelle de l'affirmation dépend | uniquement de la clarté de   **108**
l'idée [1].

La vérité et l'erreur étant ainsi expliquées, que sont par
rapport à elles nos divers modes de connaissance ? Spinoza
dans l'*Éthique* en compte trois, le premier pouvant d'ailleurs
être encore subdivisé : 1) connaissance du premier genre,
c'est-à-dire opinion ou imagination : elle comprend d'abord
les choses singulières que les sens représentent d'une façon
mutilée, confuse, et sans aucun ordre ; c'est la connaissance
par expérience vague ; elle comprend ensuite les signes au
moyen desquels nous nous représentons les choses selon des
propriétés générales indéterminées et des liaisons d'images
accidentelles ; 2) connaissance du second genre, ou raison :
elle comprend les notions communes et les idées adéquates des
propriétés réelles des choses, notions et idées qui sont le fondement de notre raisonnement ; 3) connaissance du troisième
genre, ou science intuitive : elle procède de l'idée adéquate
de certains attributs de Dieu à la connaissance adéquate de
l'essence des choses. Spinoza, une fois de plus, donne comme
exemple la recherche du quatrième terme d'une proportion, et
il observe que, si les trois nombres donnés sont 1, 2 et 3, l'intuition nous fait saisir le nombre 6 avec une clarté supérieure ;
mais il déclare, à la différence de ce qu'il avait dit dans le
De Emendatione, que la découverte du nombre 6, quand elle
est fondée sur la propriété « commune » des nombres propor-

---

1. *Éthique*, II, prop. XXXIII-XXXVI, prop. XLVIII. – Cf. *Principia philosophiae cartesianae*, préface, t. II, p. 378.

tionnels, est non seulement sûre, mais encore adéquate. En tout cas, la connaissance du premier genre est l'unique cause de la fausseté des idées ; la connaissance du second et celle du troisième | genre sont nécessairement vraies[1].

Qu'entend Spinoza par les notions communes qui sont l'objet de la connaissance du second genre ? D'abord il ne faut pas les confondre avec les idées universelles, avec les universaux, au sens ordinaire de ce dernier mot. Sur le problème de la portée des universaux, Spinoza se montre d'autant plus décidément nominaliste qu'il explique la formation de ces idées par l'impuissance de l'âme à retenir les différences de choses plus ou moins semblables, et par sa tendance à n'en conserver que de vagues caractères analogues, diversement perçus encore selon les individus[2]. S'il arrive à Spinoza d'employer le terme de notions universelles pour désigner les notions communes[3], c'est que les notions communes jouent dans la connaissance des choses particulières qui relèvent d'elles le rôle de principes applicables à toutes ; mais elles ne se constituent point et elles ne fonctionnent point à la façon d'idées représentant des genres et des espèces.

Les notions communes méritent d'être appelées ainsi surtout en raison de leur objet. Ce qui est commun à toutes choses, dit Spinoza, ce qui se trouve pareillement dans la partie et dans le tout, ne petit être conçu qu'adéquatement[4]. Tous les corps, avait-il dit auparavant, ont ceci de commun qu'ils enveloppent le concept d'un seul et même attribut, l'étendue, et qu'ils peuvent soit être en mouvement, soit être en repos, ou encore se mouvoir avec plus ou moins de lenteur, plus ou

---

1. *Éthique*, prop. XL-XLI.
2. *Éthique*, II, prop. XL.
3. *Éthique*, V, prop. XXXVI, scolie.
4. *Éthique*, II, prop. XXXVIII.

moins de vitesse[1]. Ce sont les notions de | ces propriétés com- 110
munes qui permettent d'expliquer les choses particulières. Or
où sont ces propriétés communes, malgré ce qu'ont d'incom-
plet là-dessus les indications de Spinoza, sinon dans les
attributs et les modes infinis, sinon dans les « choses fixes et
éternelles » et « les lois qui y sont inscrites », ainsi que le dit le
De Emendatione? Au reste, un passage du *Traité théologico-
politique* confirme incidemment que tel est bien l'objet des
notions communes :

> *Sicuti in scrutandis rebus naturalibus ante omnia investigare
> conamur res maxime universales et toti Naturae communes,
> videlicet motum et quietem, eorumque leges et regulas quas
> Natura semper observat et per quas continuo agit, et ex his
> gradatim ad alia minus universalia procedimus...*
>
> De même que dans l'étude des choses naturelles, nous devons
> nous appliquer à rechercher avant tout les choses les plus
> universelles et qui sont communes à la Nature entière, à savoir
> le mouvement et le repos, ainsi que leurs lois et leurs règles que
> la Nature observe toujours et par lesquelles elle agit
> constamment, puis aller de là par degrés aux autres choses
> moins universelles...[2].

Les notions qui ont pour objet les propriétés communes
sont aussi communes à tous les hommes[3], et à cet autre point
de vue, l'expression de notions communes retrouve le sens
qu'elle avait dans la langue philosophique traditionnelle, dans
la langue même de Descartes, le sens de vérités communément
admises pour leur évidence immédiate, le sens d'axiomes[4].

---

1. *Éthique*, II, prop. XIII, axiome et lemme.
2. *Traité théologico-politique*, cap. VII, t. I, p. 463.
3. *Éthique*, II, prop. XXXVIII, cor.
4. Voir Descartes, *Meditations, Secondes Réponses*, AT, VII, p. 164.
– Voir aussi Spinoza, *Éthique*, I, prop. VIII, scolie 2.

111   Les notions communes font considérer les choses | comme nécessaires, et sous une certaine forme d'éternité[1]; applicables sans doute aux choses singulières, elles ne permettent de les atteindre que par des règles qui les font dépendre les unes des autres selon un ordre que la déduction établit. Mais ce qui est commun à toutes choses et se trouve pareillement dans la partie et dans le tout ne constitue l'essence d'aucune chose singulière[2]; c'est le propre de la connaissance du troisième genre d'aller jusqu'à cette essence; elle procède, nous l'avons vu, de l'idée adéquate de l'essence de certains attributs de Dieu à la connaissance adéquate de l'essence des choses, et elle est intuitive. Elle saisit les essences des choses comme éternelles à la fois et singulières[3], et elle les saisit dans leur rapport direct et intime avec Dieu[4]. Au fond, elle ne dépend de l'âme que parce que l'âme elle-même est éternelle et qu'elle a conscience de l'être en même temps que d'être unie indissolublement à Dieu. D'où la valeur suprême qu'a pour notre salut ce troisième genre de connaissance.

Ainsi l'*Éthique* parachève l'effort accompli par Spinoza pour relier au savoir qui explique les propriétés de la nature matérielle et de l'âme humaine le savoir qui assure la vie bienheureuse[5]; effort qui a tendu à préciser de plus en plus complètement, sous l'influence de Descartes, les conditions et la méthode du savoir théorique, et à rationaliser davantage ce mode supérieur de connaissance qu'est l'intuition. Le progrès qui en est résulté n'a point affaibli, bien au contraire, le dessein
112   qu'avait | Spinoza d'éliminer de la connaissance les notions générales abstraites pour lui permettre d'atteindre les êtres

1. *Éthique*, II, prop. XLIV.
2. *Éthique*, II, prop. XXXVII.
3. *Éthique*, V, prop. XXIV, prop. XXXVI.
4. *Éthique*, II, prop. XLVII, scolie.
5. *Éthique*, V, prop. XXVIII.

dans leur individualité essentielle, directement dépendante de l'essence divine. D'autre part, la vérité des idées a été de plus en plus nettement définie comme appartenant à la nature intérieure et comme exprimant l'action propre de l'âme; mais ce n'est point là rigoureusement autonomie; c'est automatisme spirituel, comme dit Spinoza dans le *De emendatione*[1], en prenant ce mot dans le sens d'une activité de l'esprit réglée par des lois qui s'imposent absolument à elle, et qui par conséquent ne proviennent point d'elle. Même s'il se développe selon ses vertus natives, l'entendement ne fait qu'exprimer une réalité qui, soit dans son principe suprême, soit dans ses manifestations nécessaires, existe indépendamment de lui; d'où le genre d'influence qu'il exercera sur l'homme pour le libérer, et qui consistera, non point à lui imprimer une sorte de mouvement créateur vers ce qu'il doit être, mais à lui apprendre ce qu'il est véritablement de toute nécessité et de toute éternité.

---

1. *De emendatione*, t. I, p. 29.

LA NATURE HUMAINE ET LA LOI
DE SON DÉVELOPPEMENT

C'est avant tout pour déterminer les lois et la direction de la vie humaine qu'ont été constituées la métaphysique spinoziste et la théorie spinoziste de la connaissance, et ce qu'elles nous apprennent sur la nature essentielle de l'homme doit nous expliquer de quelles conditions dépendent pour l'homme la félicité et le salut. Or ces conditions excluent rigoureusement le libre arbitre. La négation du libre arbitre et l'affirmation de la nécessité universelle ne sont pas seulement, au reste, des conséquences du système : elles en sont des motifs inspirateurs.

> Il s'en faut bien, écrit Spinoza, que mon opinon sur la nécessité des choses ne puisse être entendue sans les démonstrations de l'*Éthique* ; celles-ci au contraire ne peuvent être entendues que si cette opinion a été préalablement comprise [1].

L'impossibilité du libre arbitre résulte d'abord de ce que toute chose qui est déterminée à produire quelque effet est nécessairement déterminée par Dieu à le produire, et ne peut se rendre elle-même indéterminée, de ce que, autrement dit, il n'y

---

1. *Lettre* XXVII, t. II, p. 118. – Cf. *Lettre* LXXV, p. 242.

a rien de contingent dans la nature [1]. Si l'on prête facilement à
la volonté ce caractère d'indétermination qui est le propre du
libre arbitre, c'est que l'on oublie que la volonté n'est qu'une
114 notion abstraite et générale, | détachée par l'imagination des
actes singuliers de volonté, seuls positifs et réels : il n'existe en
fait que des volitions particulières, qui, comme tous les modes
finis, sont des termes nécessaires dans la série des causes [2].

Cependant, si le libre arbitre n'est qu'une fiction, d'où
vient que les hommes y croient comme à une réalité incontestable ? Cette croyance a pour point de départ un fait positif,
mais qui, faute d'une explication rationnelle, est l'objet d'une
interprétation imaginaire. Le fait positif, c'est que dans bien
des cas nous avons conscience d'accomplir des actions conformes à nos désirs ; or, comme nous ne connaissons pas les causes
externes qui déterminent ces actions et qui les rattachent, ainsi
que notre existence même, à l'ensemble de la nature, nous
rapportons à nous mêmes la faculté de les produire, et nous
dotons cette faculté d'une indifférence qui correspond à
l'indétermination de notre savoir. De même une pierre, mue
par une cause extérieure et continuant de se mouvoir quand la
cause motrice a cessé d'agir, si elle avait conscience de son
impulsion, se figurerait que c'est sa volonté libre qui la fait
persévérer dans son mouvement. Tel est ce libre arbitre dont
les hommes sont si fiers : ils ne l'admettent dans le fond que
parce qu'à la conscience de leurs actions se joint l'ignorance
des causes réelles qui les engendrent. Quand cette croyance
s'est ainsi imposée à leur esprit, elle entraîne avec elle de bien
fausses notions de la réalité ou de la portée de leurs actes : elle
invoque en sa faveur la faiblesse de certains désirs, qui réellement n'est qu'impuissance, afin de mieux exalter la force

---

1. *Éthique*, I, prop. XXVI-XXIX. Cf. *Court Traité*, première partie, chap. VI.
2. *Court Traité*, deuxième partie, chap. XVI ; *Eth.*, I, prop. XXXII ; II, prop.
XLVIII.

supposée de la volonté; elle | prétend se justifier aussi par le   115
fait du doute, comme si la suspension du jugement ne résultait
pas d'une opposition nécessaire d'idées qui n'a pu encore
aboutir à la prédominance définitive d'aucune d'elles [1].

Mais, objecte-t-on de toutes parts, la doctrine de la nécessité est contraire aux exigences de la morale et de la religion.
En quoi donc? répond Spinoza. Est-ce qu'elle supprime la
distinction des actes bons et des actes mauvais, tout autant que
cette distinction est légitime? Nullement. Car ces actes sont
bons ou mauvais par une propriété qui est à eux et qui leur reste
adhérente, de quelque façon qu'on l'explique; et par conséquent ils sont toujours soit à désirer, soit à fuir. – Mais, s'ils
sont bons, ils méritent d'être récompensés, comme, s'ils sont
mauvais, ils méritent d'être punis. – Sans doute; ou pour parler
plus exactement, c'est en eux-mêmes qu'ils portent, soit leur
récompense, soit leur punition: la vertu et l'amour de Dieu
impliquent en eux la joie, comme la méchanceté et le vice
impliquent en eux la tristesse, ou tout au moins sont privés de
la joie propre à la vertu, ou encore provoquent contre eux les
répressions sociales. C'est précisément dans la doctrine de la
nécessité que le rapport de la sanction à l'acte ne risque pas
d'être accidentel et arbitraire. – Mais si c'est nécessairement
que les hommes pèchent, n'est-ce pas qu'ils sont excusa-
bles devant Dieu? – Qu'entend-on par là? Que Dieu ne peut
s'irriter contre eux et ajouter à leur impuissance comme un
supplément de peine? Rien n'est plus vrai. Veut-on dire que
les méchants et les vicieux devraient être par rapport à Dieu
comme s'ils étaient vertueux et bons? On aboutit alors à cette
| conclusion absurde qu'ils devraient être tenus pour essentiel-   116
lement autres qu'ils ne sont. – Pourquoi donc insiste-t-on, ne
sont-ils pas autres? Et ne sont-ils pas fondés à protester contre
la condition qui leur est faite? Réclamation non moins absurde.

1. *Éthique*, III, prop. II, scolie; *Lettre* LVIII, t. II, p. 208.

Admettrait-on que le cercle se plaignit de n'avoir pas les propriétés de la sphère ? De même un homme dont l'âme est impuissante ne peut être reçu à se plaindre d'être incapable de contenir ses passions et de n'avoir pas en partage la connaissance et l'amour de Dieu. Et Spinoza, s'appropriant la parole de saint Paul, déclare que nous sommes entre les mains de Dieu comme l'argile entre les mains du potier qui peut faire de la même matière un vase d'honneur et un vase d'ignominie, sans que le vase puisse jamais dire à celui qui l'a façonné : Pourquoi m'as-tu fait ainsi ? La doctrine de la nécessité reconnaît donc les relations intrinsèques qui, en faisant dépendre les actes humains de la puissance divine, en déterminent et en sanctionnent par là même le degré de perfection, tandis que la doctrine du libre arbitre ne réclame une fausse liberté que pour une fausse morale et une fausse religion [1].

Il y a, en effet, une vraie liberté de l'homme mais qui est tout juste à l'opposé du libre arbitre ; elle est caractérisée par la négation de toute contingence et de toute indifférence, par l'affirmation de la nécessité qui fait résulter de notre seule nature certains de nos actes. Par exemple, si nous connaissons ce qu'est Dieu, l'affirmation de son existence suit de notre nature avec tout autant de nécessité qu'il suit de la nature du triangle | que la somme de ses angles égale deux droits ; et cependant nous ne sommes jamais plus libres que quand nous affirmons une vérité de cette sorte [2]. Ainsi nous sommes libres, non pas parce que notre action serait sans raisons, mais lorsque nous comprenons en nous toutes les raisons de notre action.

Le déterminisme de Spinoza n'est pas un fatalisme, car il admet que la nécessité à laquelle obéit l'homme, loin d'être toujours pour lui une contrainte venue du dehors, peut lui être

---

1. *Lettre* XIX, t. II, p. 69 ; *Lettre* XXI, p. 92 *sq.* ; *Lettre* XLIII, p. 171-172 ; *Lettre* LXXV, p. 242-243 ; *Lettre* LXXVIII ; *Éthique*, II, prop. XLIX, scolie.
2. *Lettre* XXI, t. II, p. 91-95.

intérieure, s'identifier, grâce à la connaissance vraie, avec la puissance propre de sa nature et constituer de la sorte sa liberté. Mais c'est un déterminisme réaliste qui ne considère dans les actes humains que leur contenu objectif et que leur rapport objectif à des conditions éternellement posées dans l'être, et qui exclut absolument, comme négligeables ou comme causes d'illusion, les formes subjectives sous lesquelles la conscience se représente et par lesquelles elle croit pouvoir produire en quelque mesure son action.

Qu'est-ce donc qui règle le cours de l'existence humaine? Ce ne peut être un principe spécial à l'homme, et qui ferait de l'homme dans la nature comme un empire dans un empire. Ce ne peut être qu'un principe qui s'applique à toute existence naturelle, et le voici: *Unaquaeque res, quantum in se est, in suo esse perseverare conatur* (Chaque chose, autant qu'il est en elle, s'efforce de persévérer dans son être)[1]. Toutes les tendances humaines ne sont que des expressions de cet effort. Quand cet effort se rapporte à l'âme seule, il s'appelle volonté quand il se rapporte à | l'âme et au corps à la fois, il s'appelle **118** appétit; quand l'appétit s'accompagne de la conscience de lui-même, il s'appelle désir[2]. Mais c'est dans l'effort fondamental de chaque être, quel qu'il soit, pour persévérer dans son être que se trouve la loi qui explique toutes ses manières d'être.

Cette loi paraît être simplement la loi de l'inertie, et elle correspond sans doute ainsi au dessein qu'a Spinoza de rejeter de l'être humain, comme de tout être en général, des causes spontanées de changement. Descartes avait donné, en effet, de la loi de l'inertie la formule suivante: *Unamquamque rem, quatenus est simplex et indivisa, manere, quantum in se est, in eodem statu, nec unquam mutari nisi a causis externis*[3]; et

---

1. *Éthique*, III, prop. VI.
2. *Éthique*, III, prop. VIII.
3. *Principia philosophiae cartesianae*, II, 37, AT, VIII, p. 62.

dans ses *Principia philosophiae cartesianae*, Spinoza a reproduit exactement cette proposition de Descartes[1]. En fait, le spinozisme ne soutient-il pas que l'existence et les modifications d'un être fini, quel qu'il soit, sont conditionnées par les existences et les modifications des autres êtres de l'univers? Et n'est-ce pas là une satisfaction qu'il doit logiquement donner aux exigences du mécanisme? D'autre part, tout en faisant dépendre de conditions externes les changements des êtres, il n'en admet pas moins, suivant la loi même de l'inertie, que chaque être répond par sa puissance propre à la puissance des causes extérieures.

Cependant, considérée dans son sens et dans ses applications, la proposition de Spinoza n'est-elle que la loi de l'inertie généralisée, sans plus? Spinoza en déduit aussitôt que l'homme est ainsi déterminé à rechercher ce qui sert à sa 119 conservation[2]. | Or la persévérance dans un même état mécanique et la tendance à se conserver comme être peuvent-elles être identifiées? Que la tendance à se conserver et à poursuivre les choses qui peuvent servir à sa conservation soit la loi première de l'être vivant, c'est ce que les stoïciens avaient déjà nettement affirmé[3], et il est extrêmement vraisemblable que c'est au stoïcisme ou à la tradition stoïcienne que Spinoza a emprunté la ligne générale de sa proposition. Mais chez les stoïciens cette loi était présentée sous une forme nettement finaliste, et de façon à ériger l'objet de la tendance en fin quasi distincte de la tendance même. C'est précisément cette interprétation finaliste commune de la loi, spécialement appliquée aux êtres vivants, que Spinoza semble au contraire s'être efforcé de rejeter. Ou plutôt il prétend bien ramener la vie à cette loi, mais entendue comme l'expression d'une puissance

---

1. *Cogitata metaphysica*, pars II, prop. XIV, t. II, p. 432.
2. *Éthique*, III, prop. IX, scolie.
3. Voir Cicéron, *De finibus*, III, 5.

communiquée aux êtres finis par la seule nécessité de l'essence divine : «Nous entendons par vie, dit-il dans les *Cogitata metaphysica*, la force par laquelle les choses persévèrent dans leur être »[1]. Ainsi la vie n'a rien de spécifique, et les notions plus ou moins confuses par lesquelles d'ordinaire on la représente n'ont aucune valeur explicative propre : l'effort pour persévérer dans l'être, auquel elle se ramène, n'est point une spontanéité qui se détermine sous la raison de fins.

Mais, tel que Spinoza l'admet, cet effort ne comporte-t-il pas dans le fond une certaine spontanéité et une finalité d'un autre genre? Voyons d'abord en vertu de quelles considérations il est posé comme loi. Dans le *Court Traité*, qui use plus volontiers que l'*Éthique* | des expressions théologiques courantes, sauf à les interpréter dans un nouveau sens, il est identifié avec la Providence. La Providence | 120

n'est pas autre chose pour nous que la tendance, que nous trouvons dans la nature entière et dans les choses particulières, ayant pour objet le maintien et la conservation de leur être propre. Car il est évident qu'aucune chose ne peut par sa propre nature tendre à l'anéantissement d'elle-même, mais qu'au contraire chaque chose a en elle-même une tendance à se maintenir dans le même état et à s'élever à un meilleur. – De sorte que, suivant cette définition donnée par nous, nous posons une *Providence universelle* et une *particulière*. La *Providence universelle* est celle par laquelle chaque chose est produite et maintenue en tant qu'elle est une partie de la nature entière. La *Providence particulière* est la tendance qu'a chaque chose particulière à maintenir son être propre, en tant qu'elle n'est pas considérée comme une partie de la nature, mais comme un tout[2].

---

1. *Cogitata metaphysica*, pars II, cap. VI, t. II, p. 487.
2. Première partie, chap. V, p. 79.

Par cette façon de concevoir la Providence et de distinguer entre la Providence universelle et la Providence particulière, Spinoza justifie donc l'existence individuelle comme telle, et il la justifie ainsi d'autant plus à ses propres yeux qu'il l'unit à Dieu par une relation de nécessité interne, et non de finalité externe.

La démonstration de l'*Éthique*, sans faire appel à l'idée de Providence, mais en retenant de cette idée ce que le système peut en admettre, explique de la même façon l'effort de chaque être pour persévérer dans son être : les choses singulières sont des modes par lesquels les attributs de Dieu s'expriment d'une manière certaine et déterminée ; autrement dit, des | choses qui expriment d'une manière certaine et déterminée la puissance par laquelle Dieu est et agit ; or aucune de ces choses n'a en elle rien par quoi elle puisse être détruite ; voilà pourquoi chacune d'elles s'efforce autant qu'elle le peut de persévérer dans son être ; et cet effort n'est que l'essence de cette chose en tant que posée dans l'existence, en tant qu'actuelle [1].

Certes, du moment que chaque chose reçoit d'autres choses de la nature et son existence et ses modifications, l'effort qu'elle fait pour se conserver peut n'apparaître que comme une expression de la loi de l'inertie ; mais dès qu'elle est aussi et avant tout une essence, dès qu'elle a une nature individuelle qui la définit positivement avant qu'elle soit amenée à l'existence par la série des causes externes, elle n'est pas seulement une partie de l'univers total, elle est un tout à sa façon, et comme une unité de concentration pour le mécanisme de ses états. Peut-on même se borner à dire que, dans la doctrine spinoziste, l'ordre des essences fonde le mécanisme en le laissant opérer, sans le spécifier et sans le diriger dans les âmes humaines ? Assurément il semble que l'effort pour persé-

---

1. *Éthique*, III, prop. IV-VIII.

vérer dans l'être ait pour effet la simple conservation de tous les états, quels qu'ils soient, qui affectent l'âme.

> L'âme, en tant qu'elle a des idées claires et distinctes, et aussi en tant qu'elle a des idées confuses, s'efforce de persévérer dans son être[1].

Il semble, d'autre part, que les causes qui augmentent ou diminuent la puissance de l'âme la déterminent du dehors. Mais l'on voit bien par la suite que l'âme fait plus que maintenir ce qu'elle a reçu :

> L'âme, dit Spinoza, s'efforce d'imaginer cela seulement qui pose sa propre puissance | d'agir[2].

122

Par cet effort, qui s'approprie de plus en plus toutes les causes de joie et qui rejette de plus en plus toutes les causes de tristesse, l'âme, selon l'expression franchement finaliste du *Court Traité*, «tend à s'élever à un état meilleur»; elle s'attache de plus en plus, selon l'*Éthique*, à cela seulement qui affirme sa puissance propre hors de l'influence déterminante des causes extérieures. Et ainsi elle peut être la cause complète ou adéquate de certains effets; c'est-à-dire qu'alors elle agit véritablement. Selon la définition de Spinoza,

> Nous sommes actifs lorsque, en nous ou hors de nous, quelque chose se fait dont nous sommes la cause adéquate, c'est-à-dire lorsque, en nous ou hors de nous, il suit de notre nature quelque chose qui peut être clairement et distinctement compris par elle seule. Nous sommes passifs au contraire lorsqu'il se fait en nous ou lorsqu'il suit de notre nature quelque chose dont nous ne sommes la cause que partiellement[3].

---

1. *Éthique*, III, prop. IX.
2. *Éthique*, III, prop. LIV; cf. prop. XII et *sq.*
3. *Éthique*, III, déf. II.

Or, qu'il y ait des êtres actifs de cette sorte, capables de produire des effets qui ne relèvent que d'eux, que l'effort pour persévérer dans l'être se mesure au degré d'activité ou de puissance positive qu'implique l'essence de chaque être, et tende plus ou moins, à travers les déterminations par les causes externes, à remonter jusqu'à son principe, c'est ce que ne saurait comporter par lui seul le mécanisme. Par la façon dont il est déduit et par la facon dont il explique le développement de la nature humaine, l'effort de chaque être pour persévérer dans son être ne peut se ramener qu'extérieurement et que momentanément à l'inertie ; conçu comme la réalisation d'une essence, s'il rejette toute finalité externe, il n'en introduit pas moins une sorte d'équivalent de la finalité interne. Au reste, cette interprétation met beaucoup moins qu'on ne pourrait le croire le spinozisme en désaccord avec ses prémisses ; car le déterminisme de Spinoza est géométrique plutôt que mécanique, et il a son type dans le rapport interne qui dérive de la notion les propriétés qu'elle comprend, plutôt que dans la relation externe qui fait dépendre un état d'autres états : l'individualité, avec l'effort qui lui appartient, n'est pas un simple enchaînement de faits : elle est une définition singulière qui se réalise.

Voilà donc de quelle façon le développement de la nature humaine dérive de l'effort de tout être pour persévérer dans son être mais y a-t-il accord entre cette conception qui paraît faire de la tendance la fonction primitive de l'âme et la conception qui a consisté à poser l'âme essentiellement comme idée ou connaissance, *idea sive cognitio*[1] ? La doctrine antérieurement soutenue paraît exiger que l'âme soit caractérisée, à tous les moments de son développement, par la diversité de ses manières de connaître et de ses objets de connaissance ; et de

---

1. *Éthique*, II, prop. XIX-XXIV.

fait, dans le *Court Traité*, Spinoza met expressément dans la connaissance la cause prochaine de tous nos états affectifs[1]. Si nous désirons une chose, c'est que nous la jugeons bonne : la représentation de l'objet désiré est la cause déterminante du désir. Spinoza accepte donc alors la thèse scolastique *Ignoti nulla cupido*. Or il semble la combattre expressément dans l'*Éthique* :

> De tout cela il résulte que ce qui fonde l'effort, le vouloir, l'appétit, le désir, ce n'est pas qu'on ait jugé que l'objet en est | bon ; mais au contraire on juge qu'une chose est bonne parce **124** qu'on y tend par l'effort, la volonté, l'appétit, le désir[2].

Cette affirmation, que l'on croit voir ici, de l'antériorité du désir par rapport à la connaissance, a été relevée comme le signe, soit d'un certain anti-intellectualisme de la psychologie de Spinoza[3], soit d'un certain volontarisme qui se serait introduit tardivement dans le système, trop tardivement pour le modifier et le reconstituer en entier selon cette direction nouvelle[4]. Ce qui pourrait rendre plausible cette dernière conjecture, c'est que dans cette neuvième proposition de la troisième partie de l'*Éthique*, la volonté est rapprochée de l'effort, de l'appétit et du désir, tandis que dans la deuxième partie de l'*Éthique*, comme dans le *Court Traité*, la volonté est complètement distinguée du désir et conçue uniquement comme la faculté d'affirmer et de nier :

> Il faut noter ici que par volonté j'entends la faculté d'affirmer et de nier, non le désir ; j'entends, dis-je, la faculté par laquelle l'âme affirme ou nie ce qui est vrai ou faux, et non le désir par

---

1. Deuxième partie, chap. II, p. 104 ; chap. III, p. 105.
2. III, prop. IX, scolie.
3. Voir Th. Ribot, *Psychologie des sentiments,* p. 431.
4. Voir Tönnies, *Studie zur Entwickelungsgeschichte des Spinoza, Viertel-jahrschrift für wissenschaftliche Philosophie*, 1883, VII, p. 158 *sq.*, p. 334 *sq.*

lequel l'âme éprouve de l'inclination ou de l'aversion pour les choses[1].

Ces deux manières d'entendre la volonté sont-elles si peu concordantes qu'il le semble? Remarquons d'une part que l'effort pour persévérer dans l'être n'est appelé volonté que « quand il se rapporte à l'âme seule »; rappelons-nous d'autre part que les idées qui composent l'âme humaine, et à plus forte raison l'idée qui la constitue essentiellement comme connais-

125 sance de tel | corps, ne sont pas des états inertes, « comme des peintures muettes sur un panneau », mais des puissances actives[2]. Donc, tout autant que la volonté affirme qu'un objet est bon, cette affirmation implique la tendance à rechercher cet objet; la volonté, c'est alors le désir que l'âme éprouve parce qu'elle juge. Mais, dira-t-on, Spinoza n'a-t-il pas finalement soutenu que c'est le désir qui détermine le jugement et non le jugement le désir? N'a-t-il pas même déclaré que la force et la direction de l'appétit sont indépendantes de la conscience que l'homme en a[3]? Assurément; mais il importe de bien marquer le sens exact de ces propositions. D'abord, selon le spino-zisme, un désir ne saurait se trouver dans l'âme humaine sans y être en même temps l'idée d'une chose désirée[4]. La question est simplement de savoir si la puissance et l'application de ce désir dépendent de la chose désirée comme d'une fin externe à laquelle il se rapporterait, en vertu d'un jugement posé pour ainsi dire hors de lui, ou bien si elles dépendent de la liaison interne et immédiate du désir et de l'idée. C'est cette dernière conception que Spinoza tient décidément pour juste, et elle est, quoi qu'on en ait dit, en parfait accord avec les principes du système. Car elle implique que la nécessité en vertu de laquelle

---

1. *Éthique*, II, prop. XLVIII, scolie.
2. *Éthique*, II, prop. XLIX, scolie.
3. *Éthique*, III, *De l'origine et de la nature des affections*, I.
4. *Éthique*, II, axiome III.

une âme humaine, comme tout autre être, est posée dans l'être, en mesure la force d'agir sans la subordonner à une relation tout extrinsèque avec l'objet de son action. Elle rejette, en conséquence, comme illusoire la conviction qu'a si facilement la conscience d'être maîtresse du désir parce qu'elle s'en représente telle ou telle fin. Mais elle n'exclut pas un développement de la connaissance, immanent | au désir même, et **126** capable de régler le désir. Spinoza dira dans la quatrième partie de l'*Éthique* : « Chacun, d'après les lois de sa nature, désire ou repousse nécessairement ce qu'il juge bon ou mauvais »[1]. Il faut seulement maintenir que le jugement sur la valeur de telle ou telle chose ne constitue pas la tendance, et que seul peut être dit la constituer le jugement ou l'idée qui la comprend telle qu'elle est, dans la nécessité intérieure de son principe, et non dans son accommodation momentanée à certains objets. Au point même que, pour Spinoza, l'effort pour persévérer dans l'être ne se manifeste pleinement dans l'âme que par la connaissance de ce qu'il est et de ce qui est[2].

Le volontarisme que l'on a cru découvrir dans le sens et l'usage de certaines formules du début de la troisième partie de l'*Éthique* ne contredit donc qu'un intellectualisme purement logique et abstrait qui n'est pas celui de Spinoza : il n'est point en désaccord, tant s'en faut, avec la définition de l'âme comme idée. Nous verrons au surplus que les diverses manifestations de cet effort par lesquelles s'accomplit le développement de la nature humaine enferment toujours des connaissances correspondantes de diverses sortes. Le caractère réaliste que Spinoza a imprimé à sa conception de la connaissance achèvera également d'expliquer que cet effort reste la puissance d'une « chose », sans devenir l'action d'un sujet.

---

1. Proposition XIX.
2. *Éthique*, IV, prop. XXVI.

LES AFFECTIONS HUMAINES
LA SERVITUDE DE L'ÂME

Le principe selon lequel tout être tend à persévérer dans son être est introduit dans l'*Éthique* pour rendre raison de tout le développement de la nature humaine; il impose diverses modifications, mais surtout un ordre plus systématique, aux idées énoncées dans la deuxième partie du *Court Traité* sur « ce qui est le propre de l'homme ». D'abord il exprime une loi qui vaut pour tout être, et non pas seulement pour l'âme, une loi qui assure par conséquent que le corps, lui aussi, tend à se conserver, et que les modifications de l'âme sont corrélatives aux modifications du corps. Ensuite, bien que, dans son application à l'âme, il ne constitue point, quoi qu'on en ait dit, le désir comme puissance indépendante de le connaissance, il frappe cependant d'inefficacité toute connaissance qui ne serait que la considération abstraite de l'objet représenté et qui ne serait pas proportionnée à la force intérieure du désir. Enfin il se pose lui-même comme la mesure de la valeur des états humains, estimés suivant qu'ils ont dans l'effort de l'homme pour persévérer dans son être soit leur cause complète, soit simplement leur cause partielle.

Le *Court Traité* avait cherché cette mesure avant tout dans la valeur de la connaissance dont dépendent ces états; il avait rattaché les passions à la connaissance d'opinion et la liberté à la connaissance vraie; | il n'avait pas spécialement insisté sur le rapport de la connaissance à l'essence individuelle de l'être connaissant; il n'avait parlé que par occasion de l'activité qui résulte pour l'homme de son union étroite avec Dieu[1]; en concevant d'ailleurs la connaissance comme une représentation passive des objets connus, il n'avait pas encore le moyen d'expliquer comment à la connaissance vraie répond la pure action de l'âme. Il n'était pourtant pas sans avoir ramené à l'unité d'une même tendance l'ensemble des états humains; car il avait admis l'amour comme une disposition nécessaire de notre nature, qui se retrouve également dans la passion et dans la liberté véritable, différente seulement par les objets auxquels elle s'attache, ici sous l'influence de l'opinion, là sous l'influence de l'intuition claire et distincte[2]. Mais il avait constaté et tâché de définir cette disposition plus qu'il ne l'avait expliquée; il devait plus tard déclarer, aussi bien au fond contre lui-même que contre Descartes, que comprendre l'amour comme l'union de l'âme avec la chose aimée, c'est en exprimer une propriété, mais non l'essence[3]; il devait en conséquence tâcher de le dériver de la tendance même de l'être humain à persévérer dans son être.

Dans le *Court Traité*, les passions sont assez empiriquement énumérées, et elles sont souvent décrites tout juste pour qu'on puisse décider si elles sont bonnes ou mauvaises et en quelle mesure elles le sont. Spinoza s'y inspire très directement de Descartes, surtout pour tout ce qui concerne les

1. Deuxième partie, chap. XXVI, p. 192.
2. Deuxième partie, chap. V, p. 116.
3. *Éthique*, III, *De l'origine et de la nature des affections*, VI.

rapports des états intellectuels avec les passions[1]. | En retour, **129**
s'il ne méconnaît pas le rôle du corps dans la naissance des
passions, il use peu des explications physiologiques détaillées
que Descartes avait fournies, et il soutient même avec insis-
tance que le corps détermine les passions non pas par lui-même,
mais en tant qu'il est l'objet des perceptions de l'âme[2]. Au
reste, dans l'*Éthique* même, bien qu'il mette dans les accrois-
sements et les diminutions de la puissance d'agir du corps
l'origine des diverses passions, il s'applique à analyser, non
les mouvements corporels, mais les consécutions d'idées qui
expriment ces mouvements, et auxquelles les passions sont
immédiatement liées. Seulement dans l'*Éthique* il ne se
contente pas d'énoncer en termes généraux quels rapports ont
ces idées avec la vérité; il montre avant tout quels rapports
elles ont avec la tendance de l'être à persévérer dans son être.
Savoir dans quelle mesure cette tendance est, dans un être,
cause suffisante des états qui la spécifient, c'est savoir du
même coup ce qu'il y a de bon ou de mauvais dans les passions.
Ainsi la valeur morale des passions ressort directement, sans
jugement extérieur et surajouté, de l'explication qui en est
fournie, quoique cette explication soit devenue plus stricte-
ment scientifique qu'elle ne l'était dans le *Court Traité*, et
qu'elle se poursuive avec la même impartiale sérénité que
« s'il était question de lignes, de surfaces et de solides »[3].

Les définitions qui sont en tête de la troisième partie
de l'*Éthique* répondent à cette façon plus systématique et
plus profonde de considérer le développement de la | nature **130**
humaine. Elles font du concept de passion une espèce du

---

1. Voir le *Traité des Passions* de Descartes, deuxième partie, art. 69-148, et
troisième partie, art. 149-176.
2. Deuxième partie, chap. XIX, p. 164-165 ; chap. XX, p. 167-168.
3. Voir *Éthique*, III, préface.

concept plus général d'affection, lequel doit comprendre aussi bien les états d'activité que les états de passivité de l'âme. Nous sommes actifs, en effet, lorsque en nous ou hors de nous quelque chose se produit dont nous sommes la cause adéquate, c'est-à-dire lorsqu'il suit de notre nature quelque chose qui se peut connaître clairement et distinctement par elle seule. Nous sommes passifs, au contraire, lorsqu'il se produit en nous quelque chose ou qu'il suit de notre nature quelque chose dont nous ne sommes la cause que partiellement. Entendons maintenant par affections les modifications du corps par lesquelles la puissance de ce corps est, selon les moments, accrue ou réduite, et en même temps les idées de ces affections. Dès lors, quand nous pouvons être la cause adéquate de quelqu'une de ces modifications, l'affection est une action, dans les autres cas une passion. Cette distinction des affections actives et des affections passives est désormais capitale dans le système.

Que notre tendance à persévérer dans notre être commence par subir l'influence des modifications imposées à notre corps, c'est là un fait incontestable, et dont au surplus Spinoza établira ailleurs la nécessité. Notre état primitif est donc un état de passivité ; nos premières affections sont des passions : ce qui ne veut pas dire que nous soyons alors sans changements, bien au contraire ; ce qui veut dire que les changements nombreux et variés qui s'accomplissent alors en nous dépendent, non de nous, mais de causes extérieures représentées à notre esprit par des idées confuses. Ainsi, si quelque chose augmente ou diminue, favorise ou empêche la puissance d'agir de notre corps, l'idée de cette chose | augmente ou diminue, favorise ou empêche la puissance de penser de notre âme[1]. Or la puissance d'agir soit du corps, soit de l'âme, c'est ce qu'on peut appeler perfection, et le terme de perfection, appliqué aux états

131

---

1. *Éthique*, III, prop. XI.

humains, ne saurait avoir d'autre signification positive que celle-là. En conséquence, la joie est une passion par laquelle l'âme passe à une perfection plus grande, la tristesse une passion par laquelle l'âme passe à une perfection moindre. C'est le passage qui fait la joie, autant que celle-ci est une passion, comme c'est le passage qui fait la tristesse : la joie n'est pas la perfection elle-même. Si, en effet, l'homme naissait avec la perfection à laquelle il passe, il la posséderait sans affection de joie ; si, d'autre part, il se trouvait dans une perfection moindre sans sentir y être venu d'une perfection supérieure, il n'éprouverait aucune affection de tristesse[1]. Spinoza ici donc exclut la conception aristotélicienne qui fait reposer la joie sur la perfection plus ou moins achevée de l'acte, pour se rattacher aux conceptions qui ont fait surtout ressortir le caractère relatif et transitif du plaisir et de la douleur.

La joie et la tristesse, ainsi que le désir auquel elles sont liées, sont les trois affections primitives dont toutes les autres doivent naître. Spinoza combat maintenant, après l'avoir partagée[2], l'opinion cartésienne qui mettait l'admiration au premier rang des passions ; il observe que l'imagination d'une chose nouvelle et inattendue n'est pas d'une autre nature que l'imagination des choses familières et prévues[3]. Écartant donc ce rôle privilégié faussement attribué | à l'admiration, il va **132** s'appliquer à montrer que toutes les passions ne sont que le désir, la joie et la tristesse, qui tirent uniquement de la variété de leurs relations une variété de dénominations extrinsèques[4]. Au fond le désir, comme essence de l'homme, ne soutient de

---

1. *Éthique*, III, prop. XI, scolie ; *De l'origine et de la nature des affections*, II, III.

2. *Court Traité*, deuxième partie, chap. III, p. 105.

3. *De l'origine et de la nature des affections*, IV.

4. *Éthique*, III, prop. XI, scolie ; *De l'origine et de la nature des affections*, XLVIII.

rapports réels et indestructibles qu'avec ce qui, étant sa cause
véritable, est aussi son véritable objet, c'est-à-dire avec Dieu.
Tous les rapports qu'il contracte avec les choses finies et
contingentes comme telles, c'est-à-dire prises isolément et
hors de l'ordre nécessaire qui exprime la puissance divine,
ne sont que des rapports changeants et accidentels, déterminés
par la seule imagination.

C'est donc par la diversité de ces rapports que Spinoza
explique la diversité des passions; ces rapports d'ailleurs, si
divers qu'ils soient, se laissent ramener à quelques types prin-
cipaux; ce sont des rapports d'association par contiguïté ou par
ressemblance ou par contraste, produisant des combinaisons
ou des transferts qui ont pour commun caractère d'être en
dehors de la raison. Des propositions qui ont été déjà établies,
il résulte que l'âme, autant qu'elle peut, s'efforce d'imaginer
ce qui augmente ou favorise la puissance d'agir du corps, et par
suite, sa propre puissance d'agir; que lorsqu'elle est contrainte
d'imaginer quelque chose qui diminue la puissance du corps et
sa propre puissance, elle tend à écarter cette représentation par
des images contraires. Or lorsqu'elle imagine ce qui accroît sa
puissance, elle éprouve de la joie; quand elle imagine ce qui
diminue sa puissance, elle éprouve de la tristesse. Elle aime
donc l'objet dont elle associe l'image à sa joie, comme elle hait
l'objet dont elle associe l'image | à sa tristesse. Et ainsi nous
connaissons clairement ce qu'est l'amour et ce qu'est la haine :
l'amour n'est autre chose qu'une joie qu'accompagne l'idée
d'une cause extérieure; la haine n'est autre chose qu'une
tristesse qu'accompagne l'idée d'une cause extérieure [1].

Ainsi le lien peut être tout à fait fortuit entre l'objet de
l'amour et l'amour même; mais il peut l'être beaucoup plus
encore entre telle passion et tel objet qui paraît la provoquer;

1. *Éthique*, III, prop. XII-XIV.

car il suffit que l'âme ait été modifiée une fois par deux affections en même temps pour que le retour de l'une des deux affections entraîne la réapparition de l'autre ; une chose quelconque peut donc être par accident cause de joie ou de tristesse, de désir ou d'aversion. Voilà pourquoi il nous arrive d'aimer ou d'avoir en haine certaines choses ou certaines personnes sans aucun motif : de ces sentiments capricieux la cause réside dans une liaison d'images qui, en elle-même irrationnelle, n'en a pas moins sur nous une influence déterminante [1].

Pareillement la simple ressemblance fait que nous trans-férons nos sentiments d'un objet à un autre : si nous imaginons qu'une chose ressemble par quelque trait à une chose qui nous affecte habituellement de joie ou de tristesse, et alors même que le caractère qui rapproche les deux n'a pas été la cause des affections éprouvées, nous aimerons cependant la chose d'abord indifférente, ou nous l'aurons en haine [2]. D'autre part, la ressemblance d'un objet aimé avec un objet détesté met l'âme dans un état d'incertitude ou de fluctuation, né de la ren-contre de deux passions contraires. En outre, le corps humain | est composé d'un très grand nombre de parties de nature 134 différente ; il peut donc être affecté par un seul et même objet de manières très nombreuses et très diverses ; et comme ce seul et même objet peut déjà être lui-même affecté de bien des façons, il pourra affecter une seule et même partie du corps de manières multiples et variées. De la sorte un seul objet peut être cause d'affections de plus en plus nombreuses, de plus en plus différentes et, même opposées [3]. La raison comporte au contraire la parfaite constance du sentiment avec lui-même, déterminée par la réalité certaine et immuable de l'objet.

1. *Éthique*, III, prop XIV-XV.
2. *Éthique*, III, prop. XVI.
3. *Éthique*, III, prop. XVII.

Or, dans l'état de passion, l'image d'une chose passée ou future peut déterminer une affection de joie ou de tristesse comme si elle était l'image d'une chose présente, ce qui ne veut pas dire d'ailleurs avec la même force ou avec les mêmes caractères ; car la représentation des diverses modalités du temps, qui pourtant n'a en elle-même aucun rapport avec la connaissance vraie, diversifie considérablement les affections. Que la joie s'associe à l'image d'une chose future ou passée dont l'issue est tenue pour douteuse : elle devient l'espoir. Que la tristesse s'associe à une pareille image : elle devient la crainte ; mais en raison de l'incertitude de l'objet l'espoir est mêlé de crainte comme la crainte est mêlée d'espoir. Quand cette incertitude disparaît, l'espoir devient la sécurité et la crainte le désespoir[1].

Comme nous tendons à rechercher ce qui nous cause de la joie, ce que par conséquent nous aimons, nous tendons à imaginer tout ce qui peut causer de la joie à l'objet aimé ; comme nous tendons à fuir ce qui nous cause de la tristesse, ce que par conséquent nous haïssons, | nous tendons à imaginer tout ce qui peut causer de la tristesse à l'objet détesté[2]. De là des sentiments d'un nouveau genre que nous éprouvons pour nos semblables, aimés ou détestés par nous selon qu'ils affectent de joie ou de tristesse l'objet aimé, de tristesse ou de joie l'objet détesté[3]. Ainsi s'altèrent les rapports des hommes entre eux.

Ces rapports s'établissent autrement, quoique d'une façon toujours irrationnelle encore, par l'effet de l'imitation. Par cela même qu'un être semblable à nous éprouve quelque affec-

---

1. *Éthique*, III, prop. XVIII ; *De l'origine et de la nature des affections*, XII-XVII.

2. *Éthique*, III, prop. XIX, XX, XXI, XXIII, XXV, XXVI.

3. *Éthique*, III, prop. XXII, XXIV.

tion, nous éprouvons une affection semblable à la sienne[1].
Mais cette imitation des affections produit, selon les cas, des
effets très différents et même contraires : lorsque nous nous
représentons autrui dans la tristesse ou le malheur, nous
ressentons pour lui de la pitié ; lorsque nous nous représentons autrui animé d'un certain désir, nous ressentons à son
égard de l'émulation lorsque nous nous le représentons en
possession d'un bien qu'il détient ou prétend détenir à lui seul,
nous ressentons envers lui de l'envie : un même mécanisme
d'images peut donc nous rendre tour à tour bienveillants ou
malveillants envers nos semblables[2].

Il nous est d'ailleurs impossible d'aimer quelqu'un sans
désirer qu'il nous aime à son tour, et plus grande est l'affection
que nous imaginons qu'il éprouve pour nous, plus nous nous
glorifions. Mais si nous croyons que cette affection est donnée
à d'autres autant et plus qu'à nous, nous sommes atteints de
cette forme spéciale de l'envie qu'est la jalousie, état de fluc-
tuation de l'âme qui se compose à la fois d'amour et de haine ;
| et non seulement nous désirons être aimés sans partage, mais **136**
souvent nous désirons l'être de la même façon qui une première fois nous a ravis. Or, dès que nous commençons à avoir
en haine l'objet aimé, il se peut que l'amour que nous avions
pour lui finisse par être aboli ; mais dès lors aussi nous aurons
plus de haine pour lui, à motif égal, que si nous ne l'avions
jamais aimé : plus grand avait été l'amour, plus grande sera la
haine. Inversement, si nous estimons que la haine que nous
avions pour autrui était injustifiée, ne pouvant pas le tenir pour
indifférent, nous nous prendrons à l'aimer, et plus grande avait
été la haine, plus grand sera l'amour[3]. La haine nous excite
à faire du mal à celui que nous haïssons, et elle est alors la

1. *Éthique*, III, prop. XXVII.
2. *Éthique*, III, prop. XXXII.
3. *Éthique*, III, prop. XXXIII, XXXIV, XXXV, XXXVI, XXXVII, XXXVIII, XLIV.

colère ; elle nous excite à rendre le mal qui nous a été fait, et elle est alors la vengeance ; contenue parfois par la crainte des représailles, la haine n'en engendre pas moins indéfiniment la haine, et elle ne peut être extirpée que par l'amour [1].

Dans cet enchevêtrement d'états, ce que l'âme recherche toujours, en dépit d'occurrences qui la trahissent, c'est cela seulement qui pose sa puissance d'agir. Quand elle la fait dépendre de l'approbation des autres, elle est sujette au désir de gloire et à l'ambition [2]. Si elle la sent raffermie en elle, par quelques causes que ce soit, elle éprouve un contentement de soi-même qui peut aller jusqu'à l'orgueil ; si, au contraire, elle est forcée d'imaginer son impuissance, elle est attristée, et elle éprouve une humilité qui peut aller jusqu'à la mésestime de soi [3].

137 Ce ne sont là que les passions humaines les plus | ordinaires ; dans la réalité, les passions sont aussi variées que peuvent l'être les relations de toute individualité humaine avec les choses extérieures. Il y a autant d'espèces de joie, de tristesse et de désir, par suite autant d'espèces d'affections qui en sont composées ou qui en dérivent, qu'il y a d'espèces d'objets par lesquels l'homme est affecté ; et de plus, une affection quelconque de chaque individu diffère de l'affection d'un autre autant que l'essence de l'un diffère de l'essence de l'autre [4].

Mais si diverses, si inconstantes, et en apparence si anormales qu'elles soient, les passions n'en sont pas moins soumises pour leur développement comme pour leur naissance à des lois nécessaires, qui expriment les façons plus ou

1. *Éthique*, III, prop. XXXIX, XLIII.
2. *Éthique*, III, prop. XXIX, XXXI.
3. *Éthique*, III, prop. LIII-LV.
4. *Éthique*, III, prop. LVI-LVII.

moins compliquées dont le désir est déterminé par l'image des choses. C'est nécessairement qu'elles engendrent dans les âmes le désaccord et l'opposition, au lieu de l'accord et de l'unité que la raison réclame. C'est nécessairement aussi qu'elles entrent elles-mêmes en conflit les unes avec les autres, et que les unes finissent par prévaloir sur les autres. Pour expliquer les effets de cette concurrence des passions, Spinoza élimine toute intervention de facteurs subjectifs volontaires; il fixe les degrés de force des affections uniquement d'après le degré de réalité de l'objet qu'elles représentent. Une affection ne peut être réduite ou supprimée que par une affection contraire, et qui soit plus forte que l'affection à réduire[1]. Or une affection dont l'objet est imaginé comme présent est plus forte qu'une affection dont l'objet est imaginé comme absent. Une affection dont l'objet est imaginé comme prochain dans le passé | et dans l'avenir est plus forte qu'une affection dont **138** l'objet est imaginé comme lointain. Une affection dont l'objet est imaginé comme nécessaire, attendu que la nécessité est la marque de l'existence, est plus forte que l'affection dont l'objet est imaginé comme possible ou contingent, etc.[2]. Ainsi, selon que la réalité de l'objet s'imprime plus ou moins dans notre désir, l'affection qui en résulte est plus ou moins forte; là-dessus Spinoza reste rigoureusement fidèle à son déterminisme réaliste.

Pourquoi cependant sommes-nous sujets aux passions? Les passions ne sont pas à l'origine autre chose que la passivité subie par le corps et acceptée par l'esprit comme un état normal. Or il est impossible que nous ne soyons pas passifs, puisque nous ne sommes qu'une partie de la nature qui ne saurait se suffire à elle-même et se concevoir sans les autres parties; pour échapper à cette condition de passivité, nous

---

1. *Éthique*, IV, prop. VII.
2. *Éthique*, IV, prop. VII-XIII.

devrions être capables de nous produire nous-mêmes; nous devrions être des dieux, ce qui est absurde. Il faut donc que nous éprouvions bien d'autres changements que ceux dont nous pouvons être la cause adéquate; car la puissance avec laquelle nous persévérons dans l'existence est limitée, et la puissance des causes extérieures la surpasse infiniment [1].

S'il en est ainsi, la passion qui est inévitable n'est-elle pas invincible? Nullement. Mais, comme va le montrer Spinoza, les moyens de la vaincre ne peuvent être pris que de la nécessité même qui l'engendre; de telle sorte que l'expliquer par des causes définies, au lieu de la frapper de réprobation, ne répond pas seulement à une curiosité scientifique, mais encore au plus haut intérêt moral.

1. *Éthique*, IV, prop. II-IV.

LES AFFECTIONS HUMAINES
LA LIBERTÉ DE L'ÂME ET LA FÉLICITÉ
DANS LA VIE PRÉSENTE

Comme l'état de servitude, l'état de liberté dépend de causes définies qui excluent, non moins que le libre arbitre, la représentation d'un idéal exprimé par la notion de bien. Cette notion de bien, dont on fait un absolu, est en réalité relative à la notion de mal, car on dit d'une chose qu'elle est bonne, par rapport à une autre qui est mauvaise, ou du moins qui n'est pas aussi bonne[1]. Les notions de bien et de mal sont en outre relatives à des états comparés de divers individus ou d'un même individu.

> Une seule et même chose peut en même temps être bonne et mauvaise et aussi indifférente. La musique, par exemple, est bonne pour un mélancolique, mauvaise pour un homme qui est dans l'affliction, ni bonne ni mauvaise pour un sourd[2].

Enfin ces notions sont des notions universelles qui n'ont aucun fondement dans le réel; elles se lient à ces concepts de perfection et d'imperfection qui résultent de ce que, rapprochant

---

1. *Court Traité*, première partie, chap. x, p. 94; *Cogitata metaphysica*, II, VII, t. II, p. 489; *Éthique*, IV, préface; prop. LXV.
2. *Éthique*, IV, préface; cf. *Cogitata metaphysica*, I, VI.

entre eux des individus du même genre, nous imaginons le genre comme un type exemplaire, propre à déterminer la valeur des individus qui s'y rapportent. Le même préjugé qui nous pousse à croire que les fins de notre action en sont les **140** causes véritables nous fait admettre qu'il y a des | modèles universels soit de notre volonté, soit même des productions de la nature. Mais puisque tous les êtres qui existent sont des êtres individuels, irréductibles par conséquent à des idées universelles qui n'en représentent que les éléments communs les plus indéterminés, puisque toute chose est nécessairement ce qu'elle est et que la nature infinie ne saurait être en défaut, il suit de là que les notions de bien et de mal, de perfection et d'imperfection, dans l'usage qu'on en fait d'ordinaire, sont illégitimes, et ne peuvent fournir de règles exactes pour la direction ou l'appréciation de la conduite humaine [1].

Pour ce qui est de nous, la connaissance de la perfection ou de l'imperfection n'est positivement que la conscience de notre puissance ou de notre impuissance, de même que la connaissance du bien et du mal n'est que la conscience de notre joie ou de notre tristesse [2]. Mais comme, dans l'état de passion, notre puissance et notre joie n'ont rien d'assuré, on peut légitimement concevoir un état supérieur qui implique une puissance et une joie certaines. Voilà pourquoi Spinoza, après avoir soutenu que les notions de bien et de mal, confrontées avec l'ordre nécessaire des choses, ne sont que des façons de penser, leur attribue néanmoins une signification autorisée par sa doctrine. Dans le *Court Traité*, il prête à la raison ou croyance droite la faculté de concevoir l'« homme parfait » et de déterminer en conséquence les moyens de parvenir à cette

---

1. *Court Traité*, première partie, chap. X, p. 94-93; *Éthique*, I, appendice; IV, préface; *Lettre* XIX, t. II, p. 66-68.

2. *Éthique*, III, prop. XXXIX, scolie; *Éthique*, IV, prop. VIII.

perfection[1]. Dans le *Traité de la Réforme de l'entendement*,
| il dit que l'homme conçoit une nature humaine de beaucoup   **141**
supérieure à la sienne, où rien, à ce qu'il semble, ne l'empêche
de s'élever; que tout ce qui peut servir de moyen pour y
parvenir est un bien, et que le souverain bien, c'est d'arriver à
jouir avec d'autres individus, s'il est possible, de cette nature
humaine supérieure.

> Quelle est cette nature, nous l'exposerons en son temps, ajoute
> Spinoza, et nous montrerons qu'elle est la connaissance de
> l'union qu'a l'âme pensante avec la nature tout entière[2].

Enfin dans l'*Éthique*, après avoir critiqué l'usage que l'on fait
ordinairement des concepts de bien et de mal, voici ce qu'il
déclare :

> Ces vocables de bien et de mal, il nous faut pourtant les
> conserver. Car, puisque nous désirons nous former une idée de
> l'homme, qui soit comme un modèle de la nature humaine
> placé devant nos yeux (*tanquam naturae humanae exemplar
> quod intueamur*), il nous sera utile de garder ces mots mêmes
> dans le sens que j'ai dit. Par bien, j'entendrai donc dans la suite
> ce que nous savons être certainement un moyen de nous
> rapprocher de plus en plus de ce modèle de la nature humaine
> que nous nous proposons ; par mal, au contraire, ce que nous
> savons certainement nous empêcher de reproduire ce modèle.
> Nous dirons, en outre, que les hommes sont plus ou moins
> parfaits, plus ou moins imparfaits, dans la mesure où ils
> s'approchent plus ou moins de ce modèle[3].

Mais, à la différence de la notion universelle de bien ou de
perfection, l'idée de ce modèle n'est pas telle pour Spinoza
qu'elle s'impose d'en haut à chaque être humain et qu'elle

---

1. Deuxième partie, chap. IV, p. 112-113.
2. *Traité de la Réforme de l'entendement*, t. I, p. 6.
3. *Éthique*, IV, préface.

contredise l'individualité de son essence : elle exprime uniquement pour chaque être humain sa nature propre | élevée par la plus claire connaissance à la plus grande puissance.

Le principe de la vertu ne peut donc être que dans l'effort même de chaque être pour persévérer dans son propre être : s'il était posé ailleurs, il impliquerait qu'un être peut renier son essence ou agir en dehors d'elle, ce qui est absurde [1]. Il signifie donc que notre seule règle, c'est de rechercher ce qui peut servir à la conservation et à l'accroissement de notre être, ce qui par conséquent nous est utile.

> Nul autre principe n'est nécessaire, sinon celui de rechercher ce qui nous est utile à nous-mêmes, comme il est naturel à tous les êtres [2].
>
> Plus chacun s'efforce, et plus il est capable de chercher ce qui lui est utile, c'est-à-dire de conserver son être, plus il a de vertu [3].

La poursuite de l'utile est l'origine de la moralité, et non, quoi qu'on prétende, de l'immoralité, de même que la réduction de la vertu à l'effort pour persévérer dans l'être rend la vertu désirable en soi et non pour autre chose [4].

Mais l'effort pour persévérer dans l'être se laisse déterminer en l'homme par des circonstances extérieures : d'autant plus qu'il a besoin des choses du dehors pour se produire, s'entretenir et se fortifier : d'où des modalités passives de cet effort qui ne sauraient absolument être appelées du nom de vertu [5], car elles ne se peuvent percevoir par la seule essence de l'être. C'est-à-dire que nous ne devons pas tenir pour bonne

---

1. *Éthique*, IV, prop. XVIII, scolie ; prop. XXII.
2. *Court Traité*, deuxième partie, chap. XXVI, p. 190.
3. *Éthique*, IV, prop. XX.
4. *Éthique*, IV, prop. XVIII, scolie ; prop. XXV.
5. *Éthique*, IV, prop. XXIII.

toute action que nous sentons telle, isolément | et momenta- 143
nément, par la joie qui l'accompagne, tenir pour utile toute
action qui nous paraît telle : pour qu'elle soit bonne, il faut que
l'action soit accompagnée d'une joie durable, et pour qu'elle
soit utile, il faut qu'elle soit reconnue avec certitude comme
contribuant à la conservation de notre être[1]. La vertu consiste
donc à rechercher l'utile, non pas suivant les suggestions des
sens et de l'imagination, mais sous la conduite de la raison (*ex
ductu rationis*). Cependant Spinoza ne considère pas définitivement la connaissance vraie comme un simple moyen subordonné à l'utilité qu'elle découvre ; il la regarde au contraire
comme la valeur ou l'utilité suprême, par cela seul qu'elle est
la connaissance vraie.

> Tout effort dont la raison est en nous le principe n'a d'autre
> objet que de comprendre ; et l'âme, en tant qu'elle use de la
> raison, juge que rien ne lui est utile, si ce n'est ce qui conduit à
> comprendre[2].

Comprendre est la vertu absolue de l'âme : car l'âme, ayant
pour essence de connaître, n'a de puissance et n'est active, par
conséquent n'a de vertu, que tout autant que ses idées dépendent d'elle seule et non des causes extérieures, que tout autant
que ses idées sont adéquates[3].

Ainsi nos affections doivent être estimées d'après ce
qu'elles comportent de connaissance claire ou, ce qui est la
même chose, de puissance provenant de notre seule nature :
l'appréciation dont elles sont l'objet ne se surajoute donc pas à
l'analyse scientifique qui les explique : elle en résulte. Nos
affections sont mauvaises dans la mesure où elles sont des
passions ; elles | sont bonnes dans la mesure où elles sont 144

---

1. *Éthique*, IV, déf. I et II.
2. *Éthique*, IV, prop. XXVI.
3. *Éthique*, III, prop. III ; IV, appendice, cap. V.

véritablement des actions. Mais parmi les passions, il en est qui, quoique déterminées en nous du dehors, augmentent ou favorisent notre puissance d'agir : à cet égard, et tout autant qu'elles ne nous exposent pas à des dépressions ultérieures plus grandes, elles peuvent être tenues pour bonnes. La joie est toujours bonne en elle-même, d'où qu'elle vienne, comme la tristesse en elle-même est toujours mauvaise. Ce qui fait que la joie n'est pas bonne en telle occasion, c'est que, par exemple, ne répondant qu'à l'excitation d'une partie de notre corps, elle empêche le corps, dans son ensemble, d'être affecté de façons variées et proportionnées ; tandis qu'elle est toujours bonne lorsque la puissance d'agir du corps est accrue ou secondée de telle sorte que toutes ses parties en reçoivent également le bénéfice. La tristesse peut être bonne seulement dans la mesure où elle empêche et réduit une joie excessive parce que partielle [1]. Mais rien n'est plus faux que de rattacher la vertu à la recherche ou à l'acceptation de la tristesse pour elle-même ; rien n'est plus faux que de condamner la joie ; car la joie, et non la tristesse, peut seule exprimer notre puissance propre d'agir, par conséquent notre vertu.

> Il n'est point de divinité ni qui que ce soit, sauf un envieux, pour prendre plaisir à mon impuissance et à ma misère, pour nous faire un mérite de nos larmes, de nos sanglots, de notre crainte, et des autres choses de cette espèce qui sont les marques d'une âme impuissante. Mais, au contraire, plus nous sommes affectés de joie, plus grande est la perfection à laquelle nous passons ; c'est-à-dire plus nous participons nécessairement de la nature divine [2].

145 | C'est dans cet esprit que Spinoza juge les principales affections. D'accord avec la morale traditionnelle et la morale chré-

---

1. *Éthique*, IV, prop. XLI, XLII, XLIII.
2. *Éthique*, IV, prop. XLV, cor. II, scolie ; cf. IV, prop. XVIII, scolie. – *Court Traité*, deuxième partie, chap. VII, p. 124-125.

tienne pour rejeter comme mauvais les actes accomplis dans l'aveuglement des impressions sensibles, il s'oppose particulièrement au Christianisme par l'idée que le dérèglement des sens, qui ne corrompt que les sens, n'atteint pas le fond divin de la nature, que la vertu doit être mise, non dans ce qui réduit en quelque façon, mais dans ce qui réalise pleinement nos tendances naturelles, non dans ce qui prétend dépasser, mais dans ce qui justifie la vie présente d'où des protestations vives, et maintes fois renouvelées, contre toutes les pensées d'ascétisme et de mortification.

Bien que l'amour et le désir puissent être sujets à des excès et ainsi devenir mauvais[1], ils restent bons tout autant que la joie à laquelle ils sont liés ou qui les provoque intéresse notre être tout entier. L'aversion et la haine, au contraire, sont mauvaises sans réserve, car elles sont des états de tristesse, et par conséquent d'impuissance, qui ne se compensent pas, tant s'en faut, par le plaisir amer et précaire que cause le mal fait à l'objet détesté; et ainsi de l'envie, de la raillerie, du mépris, de la colère, de la vengeance et de toutes les affections qui se ramènent à la haine ou qui en naissent. La haine au surplus engendre la haine, et ne peut être vaincue que par la générosité et l'amour[2]. L'espérance et la crainte, si elles ne sont pas toujours entièrement mauvaises et si elles peuvent être bonnes par occasion, ne | sont pas cependant bonnes par elles-mêmes; **146** car elles impliquent un certain degré de tristesse, un certain manque de connaissance et de puissance[3]. La surestime et la mésestime, qu'elles s'appliquent à autrui ou à nous, sont toujours mauvaises, car elles enveloppent essentiellement

---

1. *Éthique*, IV, prop. XLIV.

2. *Éthique*, IV, prop. XLV-XLVI; cf. *Court Traité*, deuxième partie, chap. VI, p. 120-123.

3. *Éthique*, prop. XLVII; cf. *Court Traité*, deuxième partie, chap. IX, p. 129-132.

des opinions opposées au jugement équitable de la raison. La surestime engendre facilement l'orgueil, surtout lorsque c'est l'individu qui se surestime lui-même ; et de l'orgueil naissent les plus grands maux. La mésestime de soi se corrige plus facilement que l'orgueil, et pourtant elle est proche de l'orgueil par l'humilité même à laquelle elle s'abaisse et dont elle fait une raison de censurer les autres hommes[1]. L'humilité n'est point, quoi qu'on dise, une vertu ; car elle est une tristesse qui accompagne dans l'homme le sentiment de son impuissance ; et l'on a beau prétendre qu'elle doit résulter de la considération de notre petitesse et de notre dépendance : cette considération, dès qu'elle est vraie, accroît au contraire notre pouvoir[2]. Le repentir non plus n'est pas une vertu, et celui qui se repent de ce qu'il a fait est deux fois misérable et impuissant ; car le repentir est, lui aussi, une tristesse, et par surcroît une tristesse accompagnée de l'illusion que nous avons agi par libre arbitre[3]. Cependant, ajoute Spinoza, ces deux passions de l'humilité et du repentir, étant donné que les hommes ne vivent guère sous l'empire de la raison, sont plus utiles que dommageables : si donc il faut pécher, que ce soit | plutôt dans ce sens. Qu'en effet des hommes à l'âme impuissante n'obéissent qu'aux suggestions de leur orgueil sans connaître le frein de la honte : comment pourraient-ils être maintenus et disciplinés ? La foule est terrible, quand elle ne craint plus[4]. Dans le *Court Traité*, Spinoza avait, plus nettement encore en ce sens, distingué de l'humilité « vicieuse » la véritable humilité, qu'il jugeait « bonne et salutaire » au même titre que la noblesse d'âme[5].

147

1. *Éthique*, IV, prop. XLVIII, XLIX, LV, LVI, LVII ; cf. *Court Traité*, deuxième partie, chap. VIII, p. 126-128.

2. *Éthique*, IV, prop. LIII.

3. *Éthique*, IV, prop. LIV ; cf. *Court Traité*, deuxième partie, chap. X, p. 133.

4. *Éthique*, IV, prop. LIV.

5. Deuxième partie, chap. VIII, p. 127.

Si des passions de ce genre, qui enveloppent la tristesse, peuvent devenir bonnes à certains égards par l'obstacle qu'elles opposent à des passions pires, elles ne sauraient jamais être érigées en principes directs de vertu : même la crainte et l'aversion d'un mal ne constituent pas positivement un bien[1]. En revanche des affections telles que le contentement de soi, même et surtout s'il est encouragé par la juste opinion d'autrui, s'il est exempt d'orgueil et de gloriole, sont des affections bonnes ; car elles viennent de ce que l'homme considère sa puissance d'agir[2]. Or la puissance d'agir, élevée à son maximum, c'est-à-dire produite ou réglée par la raison, c'est ce qui constitue la liberté. Spinoza esquisse donc, selon les maximes de sa morale, une sorte de portrait de l'homme libre, en qui se montre cette « nature humaine supérieure » qui doit servir de modèle. L'homme libre, non seulement n'accomplit pas le mal, mais l'ignore[3] ; il agit, peut-on dire, par delà le bien et le mal, uniquement en vertu de sa force d'âme intérieure ; étranger à la crainte, il ne se détourne pas moins des témérités vaines ; il cherche autant à éviter les dangers qu'à en triompher[4] ; | comme il se préserve de tout **148** contact avec les objets extérieurs qui réduiraient son pouvoir d'action, il exclut, sans même les concevoir, les idées qui porteraient atteinte à son effort naturel pour se conserver, et parmi ces idées, avant tout l'idée de la mort :

> La chose à laquelle un homme libre pense le moins, c'est la mort ; et sa sagesse est une méditation, non de la mort, mais de la vie[5].

1. *Éthique*, IV, prop. LXIII, LXIV.
2. *Éthique*, IV, prop. LII.
3. *Éthique*, IV, prop. LXVIII.
4. *Éthique*, IV, prop. LXIX.
5. *Éthique*, IV, prop. LXVII.

Ainsi est repoussée une recommandation du Christianisme, et même en quelque mesure du platonisme, qui fait de la pensée de la mort une préparation à la vie éternelle; assurément c'est la vie éternelle qui, pour Spinoza comme pour le Christianisme, est l'objet suprême de notre méditation; mais pour lui la vie éternelle n'est pas en dehors de la vie présente : elle s'y exprime directement, et elle en justifie tout ce qui s'y produit de réalité positive, de puissance certaine, de joie durable.

Il est donc légitime que nous recherchions toujours ce qui nous est le plus utile; or un objet nous est d'autant plus utile qu'il s'accorde mieux avec notre nature propre, et ce qui s'accorde le mieux avec notre nature propre, c'est la nature de nos semblables. Mais cet accord des hommes entre eux, qui est fondé sur la communauté de leur nature, s'affaiblit et même peut se changer en opposition et en lutte, dès que dominent les passions; car les passions mettent les individus pour une plus ou moins grande part hors de leur nature en les assujettissant à l'influence des circonstances extérieures. C'est seulement dans la mesure où ils vivent sous la direction de la raison que les hommes s'accordent nécessairement entre eux; mais alors rien n'est plus utile à l'homme que l'homme même; alors **149** | l'homme est un dieu pour l'homme[1]. La raison seule établit entre les hommes des liens solides d'amitié et d'assistance réciproques[2], et elle les établit sans porter atteinte à la puissance et à la joie de chacun; tandis que la passion, même si elle nous porte parfois à être secourables, altère le principe d'une sûre bienveillance; la pitié, par exemple, n'est pas seulement inutile dans un homme qui vit selon la raison; elle est en elle-même mauvaise; car elle est une tristesse, et une tristesse qui

---

1. *Éthique*, IV, prop. XXXI-XXXV.
2. *Éthique*, IV, prop. LXX, LXXI.

nous pousse aveuglément à des actes que nous regrettons souvent plus tard. Mais il est entendu que seule la conduite raisonnable rend la pitié inutile ; quelqu'un, en effet, qui n'est secourable aux autres ni par raison ni par pitié est justement traité d'inhumain[1].

La recherche de l'utile enseigne à l'homme la nécessité de s'unir à ses semblables, et c'est de là que dérive la société civile. Tandis que dans l'état de nature le droit de chacun se mesure à sa puissance, dans l'état social, constitué par le consentement commun, le droit de chacun est défini par le pouvoir souverain, et la force publique, mise au service du droit ainsi décrété, empêche chacun de se faire juge selon sa passion et de se comporter en conséquence. Les termes de juste et d'injuste, de mérite et de péché, n'ont de sens que pour l'ordre civil, non pour l'ordre naturel qui laisse la puissance et la façon d'agir de chacun se juger en quelque sorte par elles-mêmes et par les sentiments de joie ou de tristesse qu'elles engendrent[2]. Mais si la société civile, ainsi que l'expliquent plus complètement le *Traité théologico-politique* et le *Traité politique*, loin d'être un fait primitif, n'est que la suite | d'un 150 contrat, il reste que le contrat, et la cité qui en découle, et les obligations qui s'y attachent, répondent à l'une des plus inéluctables exigences de l'intérêt humain bien compris :

> L'homme qui est dirigé par la raison est plus libre dans la cité où il vit selon le décret commun que dans la solitude où il n'obéit qu'à lui-même[3].

Tels nous sommes donc, lorsque nous sommes libres, c'est-à-dire en possession d'idées adéquates et actifs par là

---

1. *Éthique*, IV, prop. L.
2. *Éthique*, IV, prop, XXXVII.
3. *Éthique*, IV, prop. LXXII.

même; et il y a des sentiments qui en nous expriment cet état supérieur. Car la joie et le désir ne sont pas liés à la passion seule; ils sont liés aussi, et plus essentiellement, ou, pour mieux dire, tout à fait essentiellement à l'action proprement dite. En d'autres termes, il y a, ainsi que le comporte la définition générale des affections, non seulement des affections passives, mais aussi des affections actives : distinction que l'*Éthique* introduit dans la doctrine, et qui paraît reprendre la distinction stoïcienne des πάθη et des εὐπάειαι. Les façons de faire qui résultent des affections actives constituent la force d'âme, laquelle est soit fermeté, soit générosité : la fermeté est le désir par lequel un individu tient à se conserver en vertu du seul commandement de la raison; la générosité est le désir par lequel un individu tient, en vertu du seul commandement de la raison, à assister les autres hommes et à nouer entre eux et lui des liens d'amitié[1].

Mais comment donc l'empire de la raison s'établit-il dans les âmes? Ce ne saurait être par une sorte de pouvoir transcendant analogue à celui dont on dote le libre arbitre, et auquel **151** les stoïciens comme Descartes ont eu | recours bien à tort[2]. Dans le *Court Traité*[3] Spinoza fait ressortir l'impuissance de la raison ou croyance droite à dominer les opinions et les passions suscitées et entretenues par l'expérience. Si la raison peut triompher des passions provoquées en nous par ouï-dire, parce que, nous étant intérieure, elle peut l'emporter sur ce qui vient du dehors, elle ne saurait pareillement supprimer ou réprimer des passions dont nous sentons plus ou moins l'objet présent. Car la raison, qui procède par raisonnement, ne nous unit pas directement à un objet et ne nous en procure pas la

---

1. *Éthique*, III, prop. LVIII, LIX; IV, prop. XXXVII, scolie 1.
2. *Éthique*, V, préface.
3. Deuxième partie, chap. XXI, p. 173-174.

jouissance, tandis que la passion résultant de l'expérience est la jouissance de quelque chose que nous tenons pour bon, et à quoi nous sommes immédiatement unis. Il n'y a que la jouissance d'un bien plus grand qui puisse nous délivrer de cette passion, ou encore l'expérience, qui ne se produit pas toujours, d'un mal plus grand consécutif; et voilà pourquoi le salut requiert un genre de connaissance qui nous unisse immédiatement à l'Être infini et nous en fasse jouir. Dans l'*Éthique*, Spinoza n'affecte pas la raison proprement dite d'une impuissance aussi radicale et cela sans doute parce que, dans l'intervalle, tout en subordonnant toujours la raison à l'intuition, il lui a attribué la faculté de connaître adéquatement les choses par leurs propriétés communes et de les saisir dans leur enchaînement nécessaire. Mais il n'en affirme pas moins que la connaissance du bien et du mal, si vraie qu'elle soit en elle-même, dès qu'elle reste purement discursive et abstraite, ne saurait prévaloir sur les passions: il faut pour cela qu'elle soit elle-même une affection, et une affection plus forte que l'affection à réduire[1]. De plus, même si de la | connaissance 152 vraie du bien et du mal est né en nous un désir, qui est ainsi une affection active, ce désir peut être paralysé ou entravé par beaucoup d'autres désirs naissant des passions qui nous dominent; s'il a trait à l'avenir, il peut être opprimé par le désir des choses présentement agréables; si bien qu'une opposition, souvent douloureuse, surgit dans l'âme entre ce qu'elle comprend et ce qu'elle subit[2].

Cependant la possibilité de réduire de ce qu'elle subit au profit de ce qu'elle comprend est impliquée dans les rapports mêmes qu'ont les affections avec la connaissance, et par là avec leurs objets. En principe, les affections accompagnées de

---

1. *Éthique*, IV, prop. XIV.
2. *Éthique*, IV, prop. XV-XVII.

connaissance claire et liées ainsi à des objets véritablement
réels et immuables, sont durables et fortes, tandis que sont
caduques et s'altèrent les affections suscitées par l'imagination et liées à des objets sensibles et variables. Après avoir
déterminé les causes de résistance que la passion oppose à
la connaissance claire, Spinoza détermine les causes de destruction qu'elle enferme en elle et qui préparent, ou plutôt
semblent préparer (car au fond elles en résultent) la domi-
nation de l'entendement. Ce sont les lois mêmes du développement et de la concurrence des passions qui expliquent que
l'élément passif s'en use peu à peu de façon que s'en main-
tienne et s'en accroisse l'élément actif : en d'autres termes,
c'est l'expérience de la vie qui nous instruit de la vanité ou du
danger des passions, et qui d'une certaine manière nous en
corrige. Car nos passions, même lorsqu'elles ne sont pas des
formes particulières de tristesse, nous conduisent à la tristesse
par leurs conséquences : d'où la tendance qu'elles créent en
nous plus ou moins à nous détacher de leurs objets pour nous
153 attacher à des objets plus sûrs. Le temps est | pour ce genre de
conversion un puissant auxiliaire : il fait que les affections se
rapportant à des choses que nous connaissons clairement
surmontent les affections se rapportant à des choses dont nous
avons une idée confuse ou mutilée [1]; d'autre part des affections
se rapportant à des choses clairement connues deviennent
indépendantes des vicissitudes du temps, et comme elles se
rapportent à des objets vrais, c'est-à-dire permanents, elles se
reproduisent plus constamment dans l'esprit et l'occupent
davantage [2].

Est-ce là substitution radicale d'affections nouvelles aux
premières ? Nullement. D'abord, en un certain sens, ce qu'a de

1. *Éthique*, V, prop. VII, prop. XX, scolie.
2. *Éthique*, V, prop. IX-XIII, prop XX, scolie.

passif une affection ne peut être toujours détruit, pas plus que ne peut être détruite l'image sensible que nous avons du soleil, même quand nous avons du soleil une idée rationnelle[1]. Seulement, s'il est impossible que nous ne restions pas dans beaucoup de circonstances façonnés et comme tentés du dehors, nous pouvons du moins par la connaissance réfréner l'imagination qui vient de là et empêcher que ces modifications extérieures ne gardent sur nous l'empire qu'elles avaient auparavant; de la même manière que nous nous retenons de croire que le soleil sensible, toujours présent à nos yeux, est le soleil véritable. D'autre part, il y a dans nos affections les plus passives, comme nous le savons, un élément actif, la part de puissance que renferme notre désir. La passion vient uniquement du rapport qu'a notre désir avec la force prépondérante de telle cause extérieure; or ce rapport n'a qu'une nécessité de circonstance, non une nécessité vraie; notre désir peut | donc être séparé de l'idée de cette cause et **154** joint à d'autres idées; et ainsi tombe l'espèce particulière de passion qui l'avait déterminé[2]. Mais pour séparer notre désir de l'idée d'une cause extérieure, il nous faut le comprendre tel qu'il, est, c'est-à-dire dans la mesure où il implique un pouvoir d'agir qui nous est propre : or de toute affection du corps et par suite de toute affection de l'âme nous pouvons nous former un concept clair et distinct, lequel n'est au reste que l'idée constitutive de cette affection replacée dans la suite des idées qui rendent véritablement raison de notre nature; une affection qui était passive cesse de l'être et devient active sitôt que nous nous en formons un concept clair et distinct; nous pouvons ainsi acquérir de plus en plus le pouvoir de lier nos affections suivant un ordre valable pour l'entendement, et de les mettre en accord entre elles comme en accord avec la nature univer-

---

1. *Éthique*, IV, prop. I, scolie; V, prop. XX, scolie.
2. *Éthique*, V, prop. II.

selle[1]. Dans ce passage à la vie raisonnable, non seulement nous maintenons et nous augmentons, en la dégageant, toute la puissance propre à notre effort pour persévérer dans l'être ; mais encore nous ne perdons aucun des bénéfices dus aux rencontres heureuses de la passion ; car s'il arrive que la passion accroisse notre puissance d'agir, comme notre puissance d'agir est fondée positivement sur notre essence, la raison, qui nous fait concevoir notre essence d'une façon adéquate, garantit et assure toutes les manifestations réelles de cette puissance ; et c'est là sans doute l'une des expressions les plus paradoxales de l'intellectualisme spinoziste :

> À toutes les actions auxquelles nous sommes déterminés par une affection qui est une passion, nous pouvons être déterminés sans elle par la raison[2].

155 | Donc tout ce dont l'homme est par sa nature cause efficiente et complète est nécessairement bon ; mais il lui est impossible de ne pas demeurer une partie de la nature, et la nature n'a pas été providentiellement adaptée à ses désirs. Seulement, par la connaissance claire de ce qui dans la nature lui convient, il peut en tourner bien des objets à son usage, et étendre plus ou moins au dehors de lui sa puissance d'agir. Là même où la recherche de son intérêt bien compris se heurte à la force plus grande des choses, la raison, qui cesse alors d'être principe d'action expansive, devient principe d'acceptation et d'acquiescement. Elle nous fait comprendre la nécessité de l'ordre de la nature, et nous inclinant ainsi à ne désirer que ce qui en soi est nécessaire, elle nous fait trouver dans la connaissance de la vérité le contentement absolu que nous cherchons[3].

---

1. *Éthique*, V, prop. I-IV ; prop. X.
2. *Éthique*, IV, prop. LIX.
3. *Éthique*, IV, appendice, XXXII ; *Éthique*, V, prop. VI.

Conception que Spinoza a empruntée au stoïcisme, et qui n'apparaissait pas, au moins aussi explicitement, dans le *Court Traité*; mais en l'adoptant comme l'une des règles essentielles du bonheur dans la vie présente, Spinoza la dépouille du caractère expressément finaliste que lui donnaient les stoïciens : la nécessité géométrique de la nature n'établit pas de convenance entre les lois naturelles et nos intérêts, et notre âme ne peut s'en contenter qu'après en avoir fait laborieusement, et le plus possible, un instrument d'action.

Il reste toujours que l'élévation de notre puissance à son maximum et l'établissement des vrais rapports entre elle et la puissance des choses extérieures sont l'œuvre directe de la connaissance claire, considérée comme la vertu absolue de l'âme. Or l'objet suprême de la connaissance claire, c'est, comme nous le savons, | Dieu ou l'Être absolument infini sans **156** qui rien ne peut être ni être conçu. Cette connaissance, étant l'expression la plus haute de notre tendance à persévérer dans notre être, s'accompagne d'une joie correspondante, liée à l'idée de Dieu comme sa cause; elle s'accompagne donc d'un amour de Dieu, qui lui est proportionné, et cet amour occupe l'âme plus que tout le reste [1]. Cet amour de l'homme pour Dieu n'est souillé par aucun sentiment d'envie et de jalousie; car Dieu est un bien commun à tous les hommes, un bien qui se communique à tous sans se diviser; bien mieux, cet amour est en nous d'autant plus fort que nous nous représentons plus d'hommes unis à Dieu par un même lien [2]. En retour il est impossible que Dieu nous aime, parce que Dieu est exempt de passion, qu'il ne peut passer d'une moindre perfection à une plus grande, qu'il n'est point sujet à des sentiments de joie ou de tristesse. Celui donc qui aime Dieu ne peut faire effort pour

---

1. *Éthique*, IV, prop. XXVIII; V, prop. XV et XVI.
2. *Éthique*, IV, prop. XXXVI; V, prop. X.

que Dieu l'aime à son tour [1] : ce qui ne veut point dire qu'il est à l'abandon. Mais l'amour qu'il a pour Dieu suffit à le libérer et à le rendre heureux, précisément parce qu'il est fondé sur la connaissance de l'Être infini, source directe de toute puissance.

Voilà comment nous pouvons nous détourner des passions et atteindre au bonheur dans la vie présente. Pour opérer cette conversion et accomplir cette conquête, Spinoza n'estime pas qu'interviennent ou que soient efficaces des intentions subjectives de bien faire; il prétend n'invoquer que les lois qui **157** gouvernent le jeu | des représentations dans leur rapport avec les désirs humains : les diverses attitudes que semble prendre la conscience ne sont que des effets divers de ces lois. Dans quel sens ces lois agissent-elles ? Par son anti-finalisme explicite, Spinoza est autorisé à admettre qu'elles n'accordent pas immédiatement, qu'elles opposent même violemment la puissance propre de l'homme et la puissance des causes extérieures : d'où les passions et leur résistance à l'avènement de la liberté vraie. Mais par son rationalisme réaliste, Spinoza est conduit à soutenir que ces lois doivent faire triompher les idées adéquates, qui sont les idées d'objets réels et nécessaires, sur les idées inadéquates, qui sont les idées d'objets passagers et contingents; autrement dit, que la connaissance claire et distincte, dès qu'elle entre en action, est la plus grande force de la nature. Ainsi il découvre encore ce finalisme latent que nous avons déjà relevé sous d'autres formes dans le système, et qui consiste ici à doter la raison de la puissance nécessaire pour se retrouver et se réaliser à travers les circonstances empiriques de la vie humaine.

---

1. *Éthique*, V, prop. XVII, XIX; Cf. *Court Traité*, deuxième partie, chap. XXIV, p. 181.

LA VIE ÉTERNELLE
CONCLUSION

Dans la vie présente et dans les lois qui la gouvernent, nous trouvons de quoi posséder certainement la vertu et le bonheur : vertu et bonheur sont impliqués dans la conservation et l'accroissement de la meilleure partie de nous-mêmes, *pars melior nostri*[1], c'est-à-dire de l'entendement. Vertu et bonheur ainsi assurés se suffisent en un sens pleinement, et n'ont pas besoin d'être complétés ou garantis par l'inutile et fictive sanction d'une autre vie. Surtout rien n'est plus absurde que de dire ou de croire que sans cette autre vie, sans les récompenses ou les châtiments qu'elle comporte, nous n'aurions aucun motif valable ou efficace d'être vertueux : comme si la raison n'était pas toujours en soi préférable à la folie, et comme si la vertu véritable n'était pas, hors de toute condition étrangère, notre bien propre :

> Quand même nous ne saurions pas que notre âme est éternelle, nous ne laisserions pas cependant de considérer comme nos

1. *Éthique*, IV, appendice, cap. XXXII.

premiers objets la moralité et la religion, en un mot tout ce qui se rapporte à la fermeté d'âme et à la générosité [1].

Mais nous savons, selon Spinoza, que notre âme est éternelle : ce qui ne veut pas dire, du reste, que notre vie présente sera suivie d'une autre vie, plus ou moins imaginable comme celle-ci dans la durée ; ce qui | veut dire qu'au principe, non à la suite de notre vie présente, se conçoit intellectuellement l'éternité de notre âme, en d'autres termes une existence de notre âme sans aucun rapport avec une durée même indéfiniment prolongée [2]. Qu'est-ce qui assure donc l'éternité de notre âme, et quel rapport a-t-elle avec la vie présente ?

Le *Court Traité* n'avait point défini les conditions spéciales et suffisantes dont résultent la vertu et le bonheur dans la vie présente : tendant à avouer l'inefficacité de la connaissance rationnelle, il faisait d'emblée appel à l'intuition et à la jouissance de l'Être infini et éternel pour l'accomplissement de la régénération. Dans l'*Éthique*, la théorie de la connaissance rationnelle, destinée à montrer comment s'expliquent par les notions communes les choses existantes, avait du même coup pour effet d'établir que les affections peuvent se ramener à des concepts clairs et distincts qui les dépouillent de ce qu'elles ont de passif et les convertissent selon un ordre nécessaire en forces actives, véritablement libres [3]. Ainsi ce gouvernement de la vie actuelle par la raison nous met en rapport avec quelque chose d'éternel ; car les notions communes, se rapportant aux modes infinis et éternels, représentent les objets sous une certaine forme d'éternité [4]. Essentiellement adéquates, elles engendrent des idées adéquates comme elles selon des

1. *Éthique*, V, prop. XLI. – Cf. *Court Traité*, deuxième partie, chap. XXVI, p. 190. *Lettre* XLIII, t. II, p. 170.

2. *Éthique*, V, prop. XXIII, scolie ; prop. XXXIII, scolie.

3. *Éthique*, V, prop. IV.

4. *Éthique*, II, prop. XLIV, cor. II.

rapports indépendants de la durée; par suite, tout ce qu'une âme conçoit d'idées de cette sorte est éternel[1]; déjà donc dans cette mesure l'âme est éternelle, par l'éternité de ce qu'elle connaît clairement et distinctement; car, dans la doctrine spinoziste, | l'éternité se communique de la chose connue à 160 l'esprit connaissant.

Cependant pour Spinoza l'éternité des âmes est plus que leur participation à l'ordre nécessaire de la nature : dans le *Court Traité*, elle était représentée comme ayant son principe dans l'amour de Dieu, et comme se manifestant par le détachement du corps; elle était donc liée à l'idée d'une sorte de suprématie du spirituel sur le corporel; elle impliquait de plus dans l'union avec Dieu plutôt une sujétion qu'une affirmation des individualités humaines[2]. Or la théorie paralléliste, plus explicitement développée, comme nous l'avons vu, après le *Court Traité*, empêchait d'admettre que l'âme, idée du corps, pût s'élever en quelque façon au-dessus du corps. En outre, l'*Éthique* avait fait énergiquement ressortir par ailleurs l'activité propre à l'individu qui agit par raison, et l'avait dégagée de toute image de dépendance passive. Avec ces exigences ou ces caractères de son système définitif, comme avec son inspiration personnelle profonde, Spinoza s'est efforcé de mettre d'accord la doctrine de l'éternité des âmes qu'il expose dans la cinquième partie de l'*Éthique*.

L'âme est l'idée du corps, et tant que le corps existe, elle en exprime les modifications passagères par des idées, elles mêmes passagères; cette partie de l'âme qui sent, imagine, se souvient en vertu des causes extérieures dont le corps est affecté, périt donc avec le corps et comme lui[3]. Mais il y a du corps quelque chose d'impérissable c'est son essence, qui,

---

1. *Éthique*, V, prop. XXXVIII-XL.
2. Deuxième partie, chap. XVIII. p. 155; chap. XXII, p. 177, 178.
3. *Éthique*, V, prop. XXI; prop. XXXIV.

comme toute essence, est éternelle. À cette essence, qui n'est
161 pas l'essence des corps en général, qui est l'essence | de tel ou
tel corps humain, *hujus et illius corporis humani*, correspond
dans la Pensée divine une idée qui constitue l'essence, pareillement éternelle, de telle ou telle âme humaine[1]. Or le propre
d'une idée, c'est de se faire connaître; si bien qu'à la différence de l'éternité des essences d'une autre sorte, l'éternité de
l'âme comme essence est une éternité consciente; et l'espèce
de connaissance qui lui est exactement appropriée, c'est la
connaissance du troisième genre. Connaissance qui, comme
nous le savons, va de l'idée adéquate de certains attributs
de Dieu à la connaissance adéquate de l'essence des choses[2];
connaissance intuitive des choses singulières, qui l'emporte
à ce titre sur la connaissance du second genre par les notions
communes[3]. Le suprême effort de l'âme et sa suprême vertu
sont de connaître les choses par ce troisième genre de connaissance[4]; ou pour mieux dire, ce genre de connaissance dépend
de l'âme, comme de sa cause formelle, en tant que l'âme est
éternelle[5].

Ainsi l'éternité des âmes est constituée à la fois par
l'éternité de leurs essences individuelles et par l'intuition
intellectuelle qui y est liée. Mais par leurs essences peut-on
dire que les âmes existent, puisque pour elles, comme pour les
êtres finis en général, l'existence n'est pas impliquée nécessairement dans l'essence ? À quoi Spinoza répond :

> Les choses sont conçues par nous comme réelles de deux
> manières : ou bien en tant que nous en concevons l'existence
> avec une relation à un temps ou à un lieu déterminé, ou bien en

1. *Éthique*, V, prop. XXII, XXIII.
2. *Éthique*, V, prop. XXV.
3. *Éthique*, V, prop. XXXVI, scolie.
4. *Éthique*, V, prop. XXV.
5. *Éthique*, V, prop. XXXI.

tant que nous les concevons comme contenues en Dieu et comme résultant de la nécessité de la nature | divine. Celles **162** qui sont conçues comme vraies ou réelles de cette seconde manière, nous les concevons sous la forme de l'éternité[1].

Il y a donc une existence des essences qui mérite ce nom autant que l'existence des choses dans la durée, et même qui la mérite plus : car l'existence des choses dans la durée ne fait, comme nous l'avons vu, que manifester la force de production qui dérive de l'intelligibilité de leur essence et qui se développe en vertu de la souveraine intelligibilité, c'est-à-dire de l'infinie puissance de la substance divine. C'est donc la suprême réalité de nous-mêmes qui est éternelle et qui est l'objet de la connaissance du troisième genre ; et c'est par cette affirmation de ce que nous sommes éternellement que nous nous savons unis à Dieu le plus intimement :

> Notre âme, en tant qu'elle se connaît elle-même et qu'elle connaît le corps sous la forme de l'éternité, a nécessairement la connaissance de Dieu, et sait qu'elle est en Dieu et est conçue par Dieu[2].

Cette conscience directe de notre rapport à Dieu a une certitude plus immédiate et nous touche incomparablement plus que la démonstration générale de la dépendance de toutes choses à l'égard de l'Être infini[3].

En principe, l'éternité de notre être, c'est l'éternité de l'entendement : *pars mentis aeterna est intellectus*[4] ; et sans doute à l'origine de la doctrine spinoziste se trouve la conception aristotélicienne de l'éternité du νοῦς. Selon Aristote, en effet, c'est l'entendement pur, séparé des sens et de toute

---

1. *Éthique*, V, prop. XXIX, scolie.
2. *Éthique*, V, prop. XXX.
3. *Éthique*, V, prop. XXXVI, scolie.
4. *Éthique*, V, prop. XL, cor.

matière, essentiellement en acte, qui est éternel[1]; mais cet entendement pur et actuel appartient-il à chaque homme comme tel, ou | bien est-il la raison universelle? la pensée divine se communiquant à tous les hommes? Là-dessus les interprètes et continuateurs de l'aristotélisme s'étaient profondément divisés. Dans la dernière hypothèse, qui était notamment celle d'Averroès[2], l'éternité, réservée à la raison, ne saurait être le partage des individus, nécessairement périssables. Mais le philosophe juif Levi ben Gerson, après avoir discuté diverses interprétations, et en particulier celle d'Averroès, avait conclu que l'immortalité peut être à la fois rationnelle et individuelle; que chaque homme se fait une destinée en rapport avec le savoir qu'il a acquis dans la vie présente[3]. Que Spinoza ait subi ou non l'influence directe de Levi ben Gerson, il a en tout cas incliné sa théorie de l'éternité de l'entendement dans le sens des conceptions alexandrines qui admettaient des Idées des individus[4].

Mais dans le *Court Traité* il s'était borné à soutenir que l'entendement, produit immédiat de Dieu, échappe aux lois de la destruction comme de la génération naturelles[5], et il n'avait point spécifié que cet entendement pût être essentiellement nôtre. C'est bien, au contraire, de notre esprit qu'il parle expressément dans l'*Éthique*, pour en affirmer l'éternité, *Mens nostra*[6]. Dès lors, de quelle façon accorde-t-il la notion de l'entendement, faculté du vrai, avec la notion de l'entendement, essence éternelle des âmes individuelles? Là-dessus,

(Note de marge : 163)

---

1. *De anima*, III, cap. V, 430 a 17.

2. Voir E. Renan, *Averroès et l'Averroïsme*, p. 152 *sq.*

3. Voir Joël, *Lewi ben Gerson als Religionsphilosoph*, p. 21-45.

4. Voir Brochard, *L'éternité des âmes dans la philosophie de Spinoza. Études de philosophie ancienne et de philosophie moderne*, p. 371.

5. Deuxième partie, chap. XXVI.

6. *Éthique*, V, prop. XXX.

il n'a point fourni d'explications | directes, et l'on est réduit à 164
l'interpréter. Rappelons-nous d'abord que pour lui l'entendement n'a pas une réalité qui réponde à ce terme général;
qu'il est simplement l'ordre des idées vraies. Or, en tant que
mode à la fois fini et éternel de la Pensée divine, l'idée qui
constitue chaque âme ne peut que la représenter telle qu'elle
est véritablement et, en tant qu'elle forme avec toutes les idées
du même genre une unité et un ordre qui ont leur raison dans
l'entendement infini de Dieu, elle représente véritablement
tels qu'ils sont les autres êtres :

> Notre âme, en tant qu'elle connaît, est un mode éternel du
> penser, qui est déterminé par un autre mode éternel du penser,
> ce dernier à son tour par un autre mode, et ainsi à l'infini : de
> sorte que tous ensemble constituent l'entendement éternel et
> infini de Dieu[1].

Cependant, par cela qu'elles sont finies, les âmes individuelles
sont limitées, et dans la puissance de produire de leurs idées
essentielles d'autres idées qui développent leur nature, et dans
la puissance de comprendre les relations qu'elles ont absolument avec les autres âmes : d'où, hors de la puissance que comporte leur quantité d'essence, une altération de leurs rapports
avec l'ensemble de la nature, et qui leur rend extérieure la
force dès lors infiniment plus grande des autres choses. Voilà
comment l'individualité essentielle de chaque âme humaine
est marquée par le degré de sa capacité de connaître, la vérité
étant fondée pour elle sur ce qu'elle est réellement et sur la
réalité de l'ordre auquel elle adhère intimement.

De la connaissance du troisième genre qui nous fait
| apercevoir en Dieu l'éternité de notre être naît notre plus grand 165

---

1. *Éthique*, prop. XL, scolie.

contentement intérieur[1], avec l'accompagnement, comme
cause, de l'idée de nous-mêmes et de l'idée de Dieu : cette joie
est donc un amour, un amour intellectuel de Dieu. Nous avons
vu comment à la conquête de la liberté vraie et de la félicité
durable dans la vie présente est déjà attaché l'amour de Dieu ;
mais l'amour de Dieu, qui est la plus constante et la plus certaine des affections de cette vie[2], tient au fond ces propriétés
de l'amour purement intellectuel de Dieu que produit la
connaissance du troisième genre, et qui est un amour éternel[3].
C'est parce que cet amour suit de la nature de l'âme, considérée elle-même, en vertu de la nature de Dieu, comme une
vérité éternelle, qu'il échappe à la loi qui met nos sentiments
sous la dépendance de causes extérieures plus fortes que notre
puissance propre :

> Il n'y a rien dans la nature qui soit contraire à cet amour
> intellectuel, c'est-à-dire qui le puisse détruire[4].

« Amour intellectuel » : il est possible que Spinoza ait
emprunté à Léon l'Hébreu et à ses dialogues *sur l'amour*[5]
cette formule des rapports de la connaissance et de l'amour,
à l'origine desquels il y a Platon et le néoplatonisme mais
la formule était répandue dans le langage des philosophes[6].
Spinoza en tout cas l'a intimement appropriée à sa pensée. À
cette sorte d'amour de l'homme pour Dieu correspond-il un
amour de Dieu pour l'homme ? Nous avons vu que l'amour de
166   l'homme pour Dieu, tel qu'il est impliqué | dans les affections

---

1. *Éthique*, V, prop. XXVII.
2. *Éthique*, V, prop. XX, scolie.
3. *Éthique*, V, prop. XXXIII, XXXIV.
4. *Éthique,* V, prop. XXXVII.
5. Léon Hébreux, *Dialogues sur l'amour*, T. Dagron et S. Ansaldi (éd.),
Paris, Vrin, 2005 [N.d.E.].
6. Voir Descartes, lettre à Chanut, 1er février 1647, AT, IV, p. 607 ; Henry
More, *Enchiridion Ethicum*, II, cap. IX, 13-18.

actives de la vie présente, ne doit pas attendre en retour un amour de l'homme pour Dieu, lequel supposerait en Dieu une nature plus ou moins analogue à la nature humaine et des transitions d'un état à un autre. Telle était la thèse du *Court Traité*[1], reproduite dans l'*Éthique*[2]. Le *Court Traité* la justifiait notamment par cette raison, « qu'on ne peut attribuer à Dieu aucun mode de penser, en dehors de ceux qui sont dans les créatures ». Il ajoutait cependant dans un passage quelque peu obscur[3] que Dieu, s'il n'aime pas, à parler exactement, les hommes, ne les laisse pas pour cela dans l'abandon, mais que,

> l'homme étant en Dieu conjointement à tout ce qui est, il ne peut y avoir d'amour proprement dit de Dieu pour autre chose, puisque tout ce qui est ne forme qu'une seule chose, à savoir Dieu lui-même.

Ce qui paraît surtout avoir été rejeté alors par Spinoza, c'est la représentation, sous la forme de l'amour, et d'un amour ayant particulièrement pour objet les âmes humaines, du soutien que trouvent dans l'Être infini tous les êtres finis ; à plus forte raison, il n'y a proprement amour de Dieu pour lui-même qu'autant que l'aiment des êtres finis qui font partie de son Être.

Or l'*Éthique*, passant nettement par-dessus ces restrictions et ces scrupules, finit par affirmer que Dieu s'aime lui-même et que Dieu aime les hommes. Qu'est-ce qui permet logiquement une modification aussi importante du système ? Avant tout, une affirmation qui n'était pas explicitement présentée par le *Court Traité* lui-même, et qui ne s'y trouvait nettement énoncée que dans une note sans doute ajoutée ultérieurement[4] : | à **167**

---

1. Deuxième partie, chap. XXIV, p. 181.
2. V, prop. XVII, prop. XIX.
3. Deuxième partie, chap. XXIV, p. 182.
4. Deuxième partie, chap. XXII, p. 176, appendice, p. 201.

savoir, qu'« il y a nécessairement en Dieu une idée tant de son essence que de ce qui suit nécessairement de son essence »[1]. Cette idée, constitutive de l'intellect infini, fait que Dieu se connaît lui-même par un mode éternel et infini de sa pensée ; et de là dérive, comme nous l'avons vu[2], l'espèce de personnalité que le spinozisme met en Dieu. Ainsi se trouve rejetée cette autre assertion du *Court Traité*, sur laquelle était fondée précisément l'impossibilité d'un amour éprouvé par Dieu, « qu'on ne peut attribuer à Dieu aucun mode de penser, en dehors de ceux qui sont dans les créatures ». Maintenant donc, autant que l'amour suppose connaissance, il peut y avoir en Dieu un amour de Dieu pour lui-même ; car la perfection infinie en laquelle Dieu s'épanouit est accompagnée de l'idée de lui-même comme cause de soi et de cette perfection : ce qui est conforme à la définition de l'amour. « Dieu s'aime lui-même d'un amour intellectuel infini »[3].

Autant l'idée de Dieu, mode infini de la Pensée divine, se distingue des idées que sont les âmes humaines ou qui leur appartiennent, autant l'amour intellectuel infini dont Dieu s'aime lui-même se distingue de l'amour de ces âmes pour lui ; mais, d'autre part, autant les idées que sont dans leur essence éternelle les âmes humaines sont des parties de l'intellect infini de Dieu, autant l'amour intellectuel des âmes envers Dieu est une partie de l'amour infini de Dieu pour lui-même.

> L'amour intellectuel de l'âme envers Dieu est l'amour même dont Dieu s'aime lui-même, non pas en tant qu'il est infini, mais en tant qu'il peut s'expliquer par l'essence de l'âme humaine considérée sous la forme de | l'éternité[4].

---

1. *Éthique*, II, prop. III.
2. Voir *supra*, sixième leçon.
3. *Éthique*, V, prop. XXXV.
4. *Éthique*, V, prop. XXXVI.

Il suit de là que Dieu, en tant qu'il s'aime lui-même, aime les hommes, et par conséquent que l'amour de Dieu envers les hommes et l'amour de l'âme envers Dieu sont une seule et même chose[1].

Nous connaissons clairement par là en quoi consiste notre salut, c'est-à-dire notre béatitude ou notre liberté : c'est dans un constant et éternel amour envers Dieu, ou dans l'amour de Dieu envers les hommes. Cet amour, ou cette béatitude, est appelé dans les Livres sacrés Gloire, non sans raison[2].

Ainsi Spinoza s'est efforcé de représenter en des termes qui satisfont plus complètement sa conscience religieuse, mais qui n'étaient peut-être pas nécessairement impliqués dans le système, la coïncidence entre l'acte par lequel Dieu nous produit et l'acte par lequel nous nous sauvons : l'acte par lequel Dieu nous produit est comme l'acte par lequel nous nous sauvons un acte d'amour : ou, pour mieux dire, il y a identité entre les deux, mais au sens où un mode fini est identique à un mode infini parce qu'il en est une partie.

Cependant cette façon de doter Dieu d'un amour de soi-même et d'un amour des hommes ne suppose-t-elle pas le transfert en Dieu, sous une forme éminente, de propriétés tirées de l'observation de la nature humaine, par suite, l'application d'une méthode condamnée en principe par Spinoza ? L'*Éthique* a défini l'amour comme une joie, et la joie comme un passage d'une perfection moindre à une perfection plus grande. Or la béatitude qui constitue l'amour intellectuel de l'âme pour Dieu, étant éternelle, ne peut plus être tenue pour un passage à une plus grande perfection ; néanmoins, dit Spinoza, elle est à plus forte raison joie | et amour, parce 169 qu'elle résulte d'une perfection éternellement en acte[3]. Cette

1. *Ibid.*, cor.
2. *Éthique*, V, prop. XXXVI, scolie.
3. *Éthique*, prop. XXXIII, scolie.

nouvelle conception de la joie, toute proche de la conception
aristotélicienne précédemment rejetée, peut à la rigueur ne pas
contredire directement la première, et simplement la compléter. Mais si elle reste, avec plus ou moins de hardiesse,
applicable à la définition d'un amour qui, tout en étant intellectuel et éternel, reste humain, peut-elle remonter, par delà
l'ordre des modes finis, jusqu'à Dieu lui-même ou jusqu'à son
intellect infini ? Spinoza déclare que, pour rendre compte de ce
qu'est la vie éternelle de l'âme, il est obligé de s'expliquer,
faute de moyens plus clairs d'exposition, comme si cette vie
prenait naissance et en quelque manière se développait[1]. Mais
n'a-t-il pas fait plus qu'établir une suite entre les éléments de
cette vie éternellement unis, et n'a-t-il pas, par une contra-
vention plus grave, introduit dans l'Infini, à côté de perfections
absolument incomparables, des perfections plus ou moins
comparables, fussent-elles conçues éminemment, à celles de
la nature humaine ?

En tout cas il maintient que l'apparent progrès des âmes
vers la béatitude n'a point dans l'effort même dont il semble
résulter sa cause véritable, car cet effort ne fait qu'exprimer
dans la durée ce que nous sommes de toute éternité en Dieu et
par Dieu. Au fond, pas plus que l'erreur ne se corrige sans la
possession de la vérité, les passions ne se dominent sans la
possession du salut :

> La béatitude n'est pas le prix de la vertu, c'est la vertu elle-
> même ; et il ne faut pas dire que nous en jouissons parce que
> nous contenons les passions, mais, au contraire, que nous
> **170** sommes capables de contenir les | passions parce que nous en
> jouissons[2].

---

1. *Éthique*, V, prop. XXXI, scolie.
2. *Éthique*, V, prop. XLII. – Voir *Court Traité*, deuxième partie, chap. XXVI,
p. 189.

Il y a là une sorte d'équivalent rationnel de la doctrine de la Grâce en ce qu'elle peut avoir de plus opposé à l'efficacité et même à la possibilité d'initiatives individuelles dans la vie présente[1]. Pourtant la vie présente, avec ses épreuves et ses oppositions plus ou moins surmontées, n'ajoute-t-elle rien au décret qui fixe notre destinée? Question que sans doute Spinoza eût tenue pour vaine. Car elle revient à admettre, dans un sens, que la vie présente n'est rien, dans l'autre sens, qu'elle peut avoir quelque réalité et quelque valeur hors de la vérité rationnelle qui la justifie. Or les existences dans la durée, qu'il ne faut pas confondre avec la représentation que nous nous en donnons au moyen du temps, simple auxiliaire de l'imagination, sont des conséquences que développe l'ordre des essences par la toute-puissance de l'Être infini : elles sont réelles à ce titre, mais sans pouvoir accroître d'elles-mêmes la réalité qui leur échoit. Etant finies, elles se limitent les unes les autres, et elles peuvent en conséquence s'opposer les unes aux autres, comme elles peuvent aussi, autant que leur nature est commune, s'unir et se soutenir réciproquement. De la vie présente il doit donc demeurer dans les âmes raisonnables la conscience de la nécessité universelle qui donne lieu à la détermination des êtres finis les uns par les autres, et cette conscience de la nécessité universelle se lie à l'intuition qu'elles ont de leurs essences éternelles. Assurément l'universelle nécessité multiplie chez certaines âmes plus que chez certaines autres les occasions ou les moyens de se faire reconnaître, et il peut alors sembler que par | notre façon de vivre nous nous confé- 171 rons des titres et des valeurs que nous n'avions point; mais, en réalité, c'est toujours la connaissance de notre union rationnelle avec Dieu qui est le seul instrument efficace de notre salut, non la prétention de notre vouloir à dépasser ce que nous

---

1. *Tractatus théologico-politicus*, cap. XII, t. I, p. 529.

sommes en s'appuyant sur des modalités passagères de la vie présente.

Nous n'agissons donc que selon ce que nous sommes éternellement; c'est-à-dire que notre prédestination, si l'on peut employer le mot, est entière. Comporte-t-elle toutefois une distinction radicale entre des « élus » et des « réprouvés », autant, bien entendu, que la doctrine admette de pareils termes ? On pourrait le croire parfois à écouter certaines déclarations de Spinoza, en particulier celles qui terminent l'*Éthique* :

> Par là, dit-il, il apparaît clairement combien grande est l'excellence du sage et sa supériorité sur l'ignorant, que l'aveugle passion conduit. L'ignorant, en effet, outre qu'il est agité en mille sens divers par les causes extérieures et qu'il ne possède jamais le vrai contentement de l'âme, vit inconscient de soi-même et de Dieu et des choses : et pour lui, cesser de pâtir, c'est cesser d'être. Au contraire le sage, en tant qu'il est considéré comme tel, sent à peine son âme troublée. Possédant par une sorte de nécessité éternelle la conscience de soi-même et de Dieu et des choses, jamais il ne cesse d'être; et le vrai contentement de l'âme, il l'a toujours en son pouvoir.

Que ceux qui n'ont pas en partage l'intellection suprême puissent par la foi, par l'amour de Dieu et du prochain tel que le commande la religion, arriver quand même au salut, c'est ce qu'expose le *Traité théologico-politique*. Mais pour demeurer dans les limites de la doctrine de l'*Éthique*, peut-on croire qu'il y ait des | hommes voués à l'ignorance absolue et au complet abandon de Dieu ? Il semble bien que toute âme humaine comporte par nature une part de connaissance vraie[1]; seulement cette part, considérable chez celui qui peut être appelé sage, est, au contraire, chez celui qui est appelé ignorant, extrêmement réduite[2]. Extrêmement réduite, mais non point nulle

---

1. *Éthique*, II, prop. XX.
2. *Éthique*, V, prop. XX.

sans doute. Des âmes condamnées à la passivité radicale, par suite à la mort absolue, ne seraient point des modes nécessaires de l'Être infini : or toutes les âmes le sont, et c'est cette filiation qui leur communique en principe à toutes la capacité d'être plus ou moins appelées au salut.

Nous nous trouvons ainsi, pour conclure, rappeler une fois de plus comment Spinoza a prétendu enfermer dans sa métaphysique la solution du problème qui est pour lui le problème capital sinon unique, le problème de la vie bienheureuse. Cette métaphysique est couramment traitée de panthéisme : terme juste, s'il signifie que pour Spinoza il n'y a point d'êtres qui puissent avoir leur existence hors de Dieu et que leur existence est produite par Dieu nécessairement; terme inexact, s'il devait laisser croire qu'entre l'Être infini ou Dieu et les êtres finis il n'existe aucune différence : car Dieu, pris absolument, est cause, et domine l'ensemble de ses modes comme la cause domine ses effets, terme vague, s'il se bornait à faire entendre que la nécessité du rapport qui unit le monde à Dieu les rend inséparables l'un de l'autre. Car c'est la façon dont est conçue cette nécessité qui est avant tout caractéristique du système. Or Spinoza prétend la concevoir et il essaie de l'introduire sous la forme la plus étrangère | aux genres d'action et de production **173** que s'attribue la conscience; il en trouve le type dans la relation qui lie les propriétés géométriques à leur notion génératrice, et dont la vérité est aussi peu ployable que possible aux aspirations et aux convenances humaines. Son panthéisme est donc déterminé par un rationalisme réaliste, qui pose dans l'être comme principes de la connaissance claire et distincte les objets mêmes de cette connaissance, et avant tout l'Objet suprême, c'est-à-dire la Substance absolument infinie.

En soi une telle métaphysique pouvait apparaître comme une légitime satisfaction à ce besoin absolu de comprendre les choses par des raisons bien définies, qui avait produit et que

stimulait en retour la science mathématique de la nature : il y
aurait lieu cependant déjà de se demander si la généralisation
extrême de ce type d'explication ne transgressait pas les limites dans lesquelles il est exactement valable. Mais ce dogma-
tisme n'est point le paradoxe le plus téméraire de la pensée de
Spinoza. Ce que son système contient de plus audacieux, et
sans doute de plus discutable, c'est, en éliminant par principe
de la vérité et de l'être tout ce qui porte la marque de la subjectivité humaine, de prétendre contenter le désir le plus essentiel
de l'homme, qui est le désir de vivre, et de vivre heureux. D'où
vient donc que ce désir échappe à l'impitoyable condamnation
qui frappe en général les tendances par lesquelles l'homme se
considère comme centre du monde ? Si Spinoza ne va pas à
cette conséquence que sa conviction personnelle désavouait,
c'est qu'il se croit en droit d'assimiler le désir qu'a l'homme
d'être heureux à l'effort par lequel se manifeste son essence ;
174 c'est qu'il tâche de dépouiller ainsi ce désir de | ses éléments
les plus subjectifs pour n'en laisser subsister que la force
nécessaire avec laquelle il s'exerce. Mais y réussit-il autant
qu'il l'imagine ? Est-ce que, pour expliquer les directions
diverses et successives du désir, il n'est pas forcé de faire
entrer en ligne de compte la joie, la tristesse et les avertisse-
ments qui les accompagnent ? Sans doute joie et tristesse expriment pour lui un accroissement et une diminution de la puissance d'agir, laquelle reste fondamentale. Seulement comment
ne pas avouer que nos sentiments seuls sont pour nous la
mesure des variations de cette puissance, et qu'ils suppléent,
pour nous guider, à une connaissance objective impossible
dans la plupart des cas ? Si étroitement qu'ils soient associés
par Spinoza aux idées de l'entendement ou de l'imagination,
ils n'en ont pas moins une façon d'agir qui n'est point celle
des idées, et ils introduisent dans le développement de la

vie mentale l'influence de ces facteurs subjectifs que le spinozisme s'est appliqué à rejeter.

Par cette valeur réelle qu'il attribue aux sentiments, le spinozisme réintègre donc plus ou moins confusément le fait de la concentration des états d'âme individuels dans la conscience : fait qu'il avait sacrifié en principe à la notion de l'âme-idée, à la notion de l'âme constituée essentiellement par la connaissance d'un objet. Et ce n'est pas la seule réintégration de ce genre qu'il opère ou laisse s'accomplir. Sa grandiose et presque héroïque tentative pour faire vivre le monde, l'homme et Dieu, pour les distinguer et les unir sous les seules lois de l'objectivité rationnelle la plus radicale, entraîne avec elle sur bien des points certaines notions, ou suppositions d'origine subjective qu'elle devait laisser au dehors. C'est ainsi que Spinoza | repousse l'idée d'une création absolue pour **175** y substituer l'idée d'une production nécessaire du monde par Dieu ; mais cette production nécessaire du monde, assimilée à la déduction des propriétés qu'enveloppe une notion[1], n'est-elle pas dans le fond subordonnée à l'incompréhensible raison qui fait que la substance absolument infinie, au lieu d'enfermer en soi toute sa puissance productrice, la manifeste et la développe par des modes ? Et quelque effort même que fasse Spinoza pour effacer dans la déduction nécessaire des propriétés mathématiques l'œuvre propre de notre entendement, n'est-ce pas transporter en Dieu un fait subjectif humain, si peu subjectif et si peu humain qu'il soit, que celui qui consiste à déployer tout le contenu de la vérité rationnelle par des actes progressifs de dérivation ? Ainsi, tout en rejetant l'idée d'une création absolue, Spinoza n'en n'est pas moins forcé de conserver à son insu quelque chose de l'incompréhensibilité et de la subjectivité que suppose cette idée.

---

1. *Éthique*, I, prop. XVI.

D'autre part, la puissance infinie de Dieu, en maintenant les êtres dans son unité, les protège contre les hasards du pur mécanisme. Spinoza rejette expressément les causes finales ; mais il explique l'univers par une essence suprême et par des essences particulières. Or cette notion d'essence, en supposant l'antériorité d'une nature intelligible par rapport à ce qui doit se manifester et se produire, n'est-elle pas le substitut de l'idée d'une préordination par des fins ? Substitut seulement imparfait, en ce que l'essence dote d'une réalité actuelle et toute donnée ce que la finalité exprime comme loi idéale. Substitut très important malgré tout par les avantages qu'il prête en dessous au système, puisqu'il lui | permet de soutenir que l'individualité des êtres est fondée en raison, que la persévérance de ces êtres dans leur être, fait d'inertie en apparence et mécaniquement déterminable, implique l'affirmation de ce qu'ils ont de plus actif et en un sens de plus spontané, que la rationalité du vrai est dans la nature universelle la force dominante, et qu'elle doit par suite dans la nature humaine prévaloir sur l'irrationalité des passions.

Mais où le système, quoi qu'il veuille, obéit le plus peut-être à cette inspiration finaliste secrète, c'est dans la démarche par laquelle il plie ses prémisses à l'avènement de la connaissance et à l'accomplissement du salut pour l'homme. Spinoza a pu en principe prononcer l'égalité de tous les attributs de Dieu, et soutenir qu'il n'y a aucune prévalence de la Pensée : de fait, nous avons vu qu'il n'y en a point, au sens où une certaine interprétation idéaliste du spinozisme prétend la faire ressortir ; mais il n'en apparaît pas moins que la Pensée absolue, en soi indifférente à tout ce qui intéresse l'homme, produit l'intelligence infinie et par elle les intelligences finies, et que de là doit résulter une union des âmes humaines avec Dieu, à quoi ne saurait certainement se comparer le rapport des autres êtres avec la substance infinie. En conséquence, Spinoza se décide à affirmer que Dieu aime les hommes en s'aimant lui-même ; il fait ainsi de cet acte d'amour un lien particulièrement intime entre la substance absolument infinie et quelques-uns de ses modes. Or, dès que le salut humain n'est point une manifestation quelconque de l'ordre des choses, – et la conviction énergique de Spinoza autant que la direction de sa doctrine répugnent à cette idée, – il doit en être l'expression éminente, et par là d'une manière très sûre, la fin. Dieu cause de soi, Dieu cause | des êtres, Dieu sauveur des âmes : y a-t-il là simple 177 développement d'un même concept ? N'y a-t-il pas là un enrichissement du concept premier, enrichissement accompli peut-être aux dépens de la pure logique de la doctrine, mais sous la pression des nécessités que Spinoza avait impliquées dans sa façon de poser le problème du salut.

Ainsi, malgré son effort souvent heureux et fécond vers la perfection systématique, le spinozisme enferme des virtualités ou des postulats latents qui l'empêchent de se fixer définitivement dans la forme qu'il s'est donnée. Ce n'est point là un motif de décider que cette forme a été simplement adventice, sans importance. Car elle n'a pas servi uniquement à analyser et à déterminer la vue profonde par laquelle Spinoza a embrassé l'unité nécessaire des êtres finis avec l'Être infini ; elle a encore constitué des types d'explication qui ne s'étaient jamais offerts avec une telle rigueur et une telle plénitude d'abstraction à l'assentiment ou à l'examen critique, et dont le commun caractère est de réaliser le rationnel, hors de la conscience de toute action subjective, dans l'objet pur, lieu immobile des lois nécessaires et des essences éternelles en même temps que puissance infinie d'être et de produire. C'est par là que le spinozisme a conquis une valeur philosophique durable. Car si l'adhésion peut être refusée à des théories de cette espèce, l'obligation de se mesurer avec elles s'imposera toujours à toute philosophie qui, obéissant à un vœu contraire, prétendrait réintégrer souverainement la conscience dans la pensée, et chercher du côté du sujet de quoi comprendre plus intérieurement, par suite plus véritablement, le principe du monde et le lien des êtres.

LA COMPOSITION ET LA PUBLICATION
DES ŒUVRES DE SPINOZA[1]

L'usage que l'on peut faire des divers ouvrages de Spinoza pour la reconstitution de sa pensée philosophique est subordonné à la connaissance des conditions dans lesquelles ces ouvrages ont été composés et publiés[2].

Spinoza, pendant sa vie, ne laissa paraître de lui que deux ouvrages : 1) Les *Principes de la philosophie de Descartes*, suivis des *Pensées métaphysiques* (1663); 2) le *Traité théologico-politique* (1670, sans nom d'auteur). Il avait cependant pris ses mesures pour que ses manuscrits fussent après sa mort livrés à son ami et éditeur Jean Rieuwertsz. L'impression devait en être assez coûteuse, et sans doute en paraître assez périlleuse. C'est ce qui explique probablement que des amis de Spinoza aient songé à les vendre, et même aient engagé à cet effet des pourparlers avec Leibniz. Était-ce, comme on l'a supposé pour les excuser[3], parce qu'ayant des

---

1. Ces notes de leçons, sans appartenir au cours précédent, m'ont paru pouvoir utilement le compléter.

2. Cf. Van der Linde, *Benedictus Spinoza, Bibliografie*, Gravenhage, 1871.

3. Voir Freudenthal, *Spinoza, sein Leben und seine Lehre*, p. 307-308.

copies de ces manuscrits, ils comptaient employer l'argent de cette vente à les faire imprimer ? Quoi qu'il en soit, grâce à un personnage anonyme de la Haye, qui en assuma les frais, la publication des *Œuvres posthumes* eut lieu en novembre 1677. Elle se présentait ainsi : *B. d. S. opera posthuma quorum series post praefationem exhibetur*, 1677. Aucun nom d'éditeur, 180 | aucun nom d'imprimeur, aucun nom de lieu d'impression. On se contentait d'indiquer le philosophe par ses initiales en ne respectant ainsi qu'à demi sa volonté, qui avait été que son nom ne figurât pas sur ses œuvres. La série des écrits était répartie sous cinq titres :

I. *Ethica ordine geometrico demonstrata et in quinque partes distincta, in quibus agitatur :* 1) *de Deo ;* 2) *de natura et origine mentis ;* 3) *de origine et natura affectuum ;* 4) *de servitute humana seu de affectuum viribus ;* 5) *de potentia intellectus seu de libertate humana.* – II. *Tractatus politicus, in quo demonstratur quomodo Societas, ubi imperium monarchicum locum habet, sicut et ea, ubi optimi imperant, debet institui, ne in tyrannidem labatur, et ut pax libertasque civium inviolata maneat.* – III. *Tractatus de intellectus emendatione et de via, in qua optime in veram rerum cognitionem dirigitur.* – IV. *Epistolae doctorum quorumdam virorum ad* B.D.S. *et auctoris responsiones, ad aliorum ejus operum elucidationem non parum facientes.* – V. *Compendium grammatices linguae hebraeae.*

Les *Œuvres posthumes* étaient précédées d'une préface dont on ne peut pas dire avec une certitude absolue quel fut l'auteur. Deux des amis de Spinoza, Jarigh Jelles et Louis Meyer, ont été séparément désignés comme l'ayant composée[1]. Jarigh Jelles était l'un de ces collégiants avec qui Spinoza était entré en rapports quand il s'était détaché de la foi juive :

___

1. Voir Freudenthal, *Die Lebensgeschichte Spinoza's*, p. 223 ; *Spinoza, sein Leben und seine Lehre*, p. 95.

chrétiens qui repoussaient toute autorité ecclésiastique et qui réclamaient pour chacun le droit d'interpréter l'Écriture selon la suggestion de sa piété. Jarigh Jelles avait commencé par tenir à Amsterdam une boutique d'épicerie ; ayant reconnu que la fortune ne pouvait rendre heureux, il abandonna son commerce et voulut se mettre en état d'arriver à la vérité et à la perfection. Il voua à Spinoza l'amitié la plus fidèle et la plus généreuse. Quant à Louis Meyer, c'était un luthérien d'esprit très libre, qui fréquenta aussi les collégiants, mais sans s'inféoder à eux : homme de culture et d'aptitudes très variées, médecin par profession, mais également poète, lexicographe, exégète, dramaturge, directeur | de théâtre. Tout porte à croire, 181 que des deux c'est Jarigh Jelles qui a composé la préface ; le fait qu'il ignorait le latin oblige simplement d'admettre, comme on l'a du reste rapporté, qu'écrite d'abord en hollandais, cette préface a été traduite par un autre ; l'espèce d'union qu'elle affirme entre le Spinozisme et le Christianisme est tout à fait dans le sens des idées exposées ailleurs par Jarigh Jelles.

L'année suivante (1678), une traduction des mêmes ouvrages en hollandais parut sans nom d'auteur ; elle était due à Glasenmaker : *le Perrot d'Ablancourt de Hollande*. Cette traduction a pour nous un certain prix, parce que, faite sur les manuscrits de Spinoza, et non sur l'édition de 1677, elle permet dans divers passages de corriger utilement cette dernière[1].

Pendant longtemps, glorifié ou honni le plus souvent à contre-sens, Spinoza fut certainement plus mentionné encore que lu. La preuve en est que tout le XVIIIe siècle se passa sans que fût donnée une nouvelle édition de ses œuvres. On n'éprouva le besoin de cette édition nouvelle que lorsque se furent éveillés et prolongés en Allemagne ce sentiment et

---

1. Voir J.-H. Léopold, *Ad Spinozae opera posthuma*, Hagae Comitis, 1902, p. 38-64.

cette curiosité de la pensée spinoziste, dont la polémique de
Mendelssohn et de Jacobi sur le spinozisme réel ou prétendu
de Lessing fut la cause au moins occasionnelle. En 1802-1803,
le philosophe et théologien Paulus, professeur à l'Université
d'Iéna, publia à Iéna en deux volumes in-8° une édition
d'ensemble des œuvres de Spinoza. Pareille entreprise fut
renouvelée en 1830 par A. Gfrœrer, bibliothécaire de Stuttgart,
en un volume in-8°, qui formait le tome III d'un *Corpus philo-
sophorum* (Stuttgart). Cette dernière édition ne donne pas le
Compendium qrammatices hebraeae; pour le reste, elle est
calquée sur l'édition de Paulus dont elle reproduit même les
incorrections et les lapsus. C'est avec le souci de remédier à
ces défauts et de donner un texte fidèle et correct qu'Hermann
Bruder donna une édition de Spinoza en trois volumes in-18, à
Leipzig, chez Tauchnitz (1843, 1844, 1846).

En somme, pour le contenu même, les éditions Paulus,
Gfrœrer et Bruder n'ajoutaient rien aux écrits de Spinoza
182 | parus soit de son vivant, soit dans les *Œuvres posthumes*. La
préface des *Œuvres posthumes* avait déclaré que la publication
embrassait tout ce que l'on pouvait tirer des manuscrits de
Spinoza possédés par ses amis, et que si par hasard on arrivait à
découvrir ici ou là quelque autre ouvrage de lui, on n'y trou-
verait rien qui n'eût été déjà dit dans les autres de ses ouvrages
maintenant venus au jour. Déclaration inexacte. Car toutes les
lettres n'avaient pas été données, et quelques-unes avaient été
reproduites incomplètement. Et de plus, un autre ouvrage que,
comme nous le verrons, les amis de Spinoza avaient sous la
main n'avait pas été compris dans l'édition : peut-être d'ailleurs
parce que les éditeurs avaient estimé que la publication en était
rendue inutile par celle de l'*Éthique*.

Or, si nous comparons à ces éditions l'édition de Van
Vloten et Land qui est actuellement l'édition de Spinoza la

plus complète que nous ayons[1], nous constatons un assez sensible accroissement. Comment, dans l'intervalle, s'est-il produit ? Mentionnons simplement l'attribution définitive et légitime à Spinoza d'un petit *Traité de l'arc-en-ciel* écrit en hollandais et qui avait été publié sans nom d'auteur en 1687 à la Haye. (Ce *Traité de l'arc-en-ciel* était dans cette publication suivi de quelques pages intitulées : *Calcul des chances*, imprimées en caractères un peu différents et avec une pagination propre ; ce très court morceau, reproduit pour cette seule raison dans les œuvres de Spinoza, ne peut pas cependant avec certitude lui être attribué).

L'édition de la *Correspondance* s'est en particulier notablement accrue et a été en bien des points heureusement complétée ou corrigée. Dans les *Œuvres posthumes*, ainsi que dans les éditions Paulus et Gfrœrer, le nombre des lettres écrites ou reçues par Spinoza était de 74. Il n'avait été augmenté que d'une unité dans l'édition Bruder. Une lettre très intéressante de Spinoza à Louis Meyer, publiée par Victor Cousin en 1847 dans ses *Fragments philosophiques*[2], n'avait même pas été relevée par les | éditeurs et traducteurs postérieurs. C'est à Van **183** Vloten que l'on doit la publication de plusieurs lettres nouvelles, la restitution intégrale et correcte de lettres incomplètement publiées, un établissement plus exact des dates des lettres et des noms des destinataires : des manuscrits autographes d'un certain nombre de lettres de Spinoza ont été, en effet, retrouvés dans la maison des Baptistes, autrefois des Collégiants, à Amsterdam[3]. Dans l'édition des œuvres de Spinoza par Van Vloten et Land, le nombre de lettres écrites ou

---

1. 2 volumes in-8°, la Haye, 1882-1883 ; 2e édition, 3 volumes de plus petit format, 1895 ; 3e édition, 4 volumes, 1914.

2. 4e éd., t. III, p. 60-62.

3. Voir la publication de Van Vloten, *Ad Benedicti de Spinoza opera quae supersunt omnia supplementum*, Amsterdam, chez Frédéric Müller, 1862.

reçues par Spinoza s'élève maintenant à 83; l'ensemble a été soumis à un nouveau classement. W. Meijer a publié à la Haye en 1903 un fac-similé des Lettres autographes conservées : *Nachbildung der im Jahre 1906 noch erhaltenen eigenhändigen Briefe des Benedictus Despinoza*. Ces lettres sont au nombre de 12; ce sont les lettres classées dans l'édition Van Vloten et Land sous les n° VI, IX, XV, XXIII, XXVII, XXVIII, XXXII, XLIII, XLVI, XLIX, LXIX, LXXII; elles sont accompagnées d'une transcription, d'une traduction en hollandais et en allemand, ainsi que de notes en allemand.

Mais la publication qui, par son importance, a le plus ajouté aux éditions antérieures a été celle du *Court Traité de Dieu, de l'homme et de la santé de son âme*, en hollandais, *Korte Verhandeling van God, de Mensch, en deszelfs Welstand*. Cet ouvrage a subi des vicissitudes et nous est parvenu dans des circonstances qu'il est nécessaire d'exposer [1].

On savait par divers recueils bibliographiques qu'il avait existé une *Éthique*, rédigée en hollandais, restée manuscrite, et différente de celle qui avait été imprimée en ce que, au lieu de procéder par la méthode géométrique, elle usait du genre d'exposition ordinaire et de la division par chapitres; on savait aussi que dans cette *Éthique* manuscrite, il y avait un chapitre 184 traitant du *Diable*, sujet dont l'*Éthique* imprimée | ne s'occupe point. Il est possible de remonter aujourd'hui à la source de ces renseignements; ils avaient été empruntés à un journal de voyage qu'avait rédigé un Allemand du nom de Stolle après un séjour en Hollande en 1703-1704, et Stolle lui-même les tenait du fils de Rieuwertz, le libraire d'Amsterdam, qui avait été l'éditeur de Spinoza. Rieuwertz fils avait même montré à

---

1. Voir la notice que Ch. Appuhn a mise en tête du premier volume de sa traduction française des *Œuvres de Spinoza*, Paris, Garnier, 1907.

Stolle le manuscrit recopié de la main de son père[1]. Cependant la trace de cette œuvre de Spinoza s'était entièrement perdue lorsqu'en 1851 un professeur à l'Université de Halle, Ed. Boehmer, ayant acheté chez le libraire Frédéric Müller, d'Amsterdam, un exemplaire en hollandais de la vie de Spinoza par Colerus, y trouva appliquée sur une des pages une note manuscrite, aux termes de laquelle quelques amis de la philosophie avaient eu en main un traité manuscrit de Spinoza, qui, sans être composé *more geometrico* comme l'*Éthique*, sauf dans une petite partie d'un *Appendice*, contenait les mêmes idées et les mêmes matières que l'*Éthique* et devait en avoir été l'esquisse. Outre cette indication, Boehmer trouvait dans son exemplaire, avec un texte hollandais de notes sur le *Traité théologico-politique*, un sommaire, écrit également en hollandais, de l'ouvrage désigné par la note. Ce sommaire fut publié par lui sous le titre : *Benedicti de Spinoza Tractatus de Deo et homine ejusque felicitate lineamenta*, Halle, 1852. Peu de temps après, le libraire Frédéric Müller découvrait un manuscrit de l'ouvrage même dont Boehmer avait fait connaître le sommaire. En 1861, un autre manuscrit du même ouvrage était également découvert, assez différent du premier. Ces deux manuscrits se trouvent actuellement à la Bibliothèque royale de La Haye. On désigne d'ordinaire par A le manuscrit découvert le dernier parce qu'il est le plus ancien, et par B le manuscrit découvert le premier. Il a été établi que le manuscrit B était de l'écriture de Monnikhoff, médecin hollandais du XVIIIe siècle, grand admirateur et détenteur des papiers de Wilhelm Deurhoff (1650-1717), lequel avait été un cartésien porté, sans adhérer peut-être entièrement au spinozisme, à traduire des conceptions théologiques en langage spinoziste (le même Monnikhoff avait du reste | également écrit la note et le **185**

---

1. Voir Freudenthal, *Die Lebensgeschichte Spinoza's*, p. 227.

sommaire découverts par Boehmer). Quant au manuscrit A, dont l'écriture est du XVIIe siècle, il contient en outre des corrections et des notes manuscrites qui sont également de la main de Monnikhoff; peut-être fut-il écrit par Jarigh Jelles ou fut-il en sa possession. On peut présumer que ce manuscrit A a servi de modèle au manuscrit B; mais il n'a pas été le seul modèle; car le manuscrit B renferme des leçons souvent plus satisfaisantes que le manuscrit A; d'où des motifs de conjecturer que Monnikhoff a consulté, à côté du manuscrit A, soit un autre texte hollandais, soit le texte latin original.

Car, bien que les deux manuscrits que nous possédons soient en hollandais, bien que Stolle ait cru, d'après Rieuwertz, que la première *Éthique* avait été écrite en hollandais, nous savons que le texte primitif était en latin. On peut lire, en effet, à la suite du titre du manuscrit A : *écrit d'abord en langue latine à l'usage de ses disciples par B de S..., et traduit maintenant en langue néerlandaise à l'usage des amis de la vérité.* Sans être aussi explicite, le manuscrit B paraît bien confirmer l'indication du manuscrit A.

Arrivons aux éditions qui ont été données de l'ouvrage. La première fut due à Van Vloten dans le *Supplément*, déjà mentionné, *aux œuvres de Spinoza : Ad Benedicti de Spinoza opera quae supersunt omnia supplementum*, Amsterdam, F. Müller, 1862. Avec quelques emprunts à A, le texte était tiré de B et accompagné d'une traduction en latin qui visait plus ou moins à reconstituer le texte primitif : édition négligée et traduction assez inexacte[1]. En 1869, Schaarschmidt donnait de l'ouvrage une édition (Amsterdam) d'après le manuscrit A, le moins bon des deux, comme nous avons dit, et en même temps une traduction allemande dans la *Philosophische Bibliothek*

---

1. Cf. Boehmer, *Spinozana,* II, *Zeitschrift für Philosophie*, XLII (1863), p. 76-84.

de Kirchmann[1]. Une autre traduction allemande de ce même texte fut donnée par Auerbach en 1871. En 1870, Ch. Sigwart publiait une traduction allemande de l'ouvrage, pour laquelle il s'était servi des deux manuscrits, collationnés avec soin par Van der Linde. Cette traduction, par l'examen et le choix des variantes, par l'introduction, les éclaircissements et les | notes **186** dont elle était accompagnée, était vraiment une édition critique ; en même temps, elle rendait très fidèlement l'original[2]. Dans l'édition complète de Van Vloten et Land, on a la reproduction presque entière du texte des deux manuscrits. Une édition de l'ouvrage en hollandais moderne a été donnée en 1899 par W. Meijer : cette édition opère des conversions et des transpositions souvent ingénieuses et parfois plausibles, dont l'idée, comme on verra, se justifie par l'état de l'ouvrage ; dans son introduction et ses notes, elle apporte aussi de très utiles renseignements.

En France, Paul Janet a donné sous le titre de *Dieu, l'homme et la béatitude* (1878) une traduction française du *Court Traité*, d'après la traduction allemande de Sigwart. Cette traduction française renferme plus d'une inexactitude. On consultera avec beaucoup plus de sécurité la traduction française donnée par Ch. Appuhn (1907), pour laquelle il a suivi fondamentalement le texte de l'édition Van Vloten, mais en mettant à profit avec beaucoup de discernement la traduction allemande de Sigwart, l'édition hollandaise de W. Meijer, ainsi que les indications fournies par un travail de Freudenthal dont il sera bientôt question.

Dès son apparition, et depuis, le *Court Traité*, en raison des problèmes qui se posent et sur son authenticité, et sur sa date, et sur son mode de composition, et sur sa portée, a suscité nombre de travaux. Voici les plus importants : d'abord un livre de

1. 2ᵉ éd., 1874.
2. 2ᵉ éd., 1881.

Ch. Sigwart, qui avait précédé sa traduction allemande *Spinoza's neuentdeckter Tractat von Gott, dem Menschen und dessen Glückseligkeit*, 1866. – Une longue étude de Trendelenburg, *Ueber die aufgefundenen Ergänzungen zu Spinoza's Werken und deren Ertrag für Spinoza's Leben und Lehre*, dans le t. III des *Historische Beiträge zur Philosophie*, p. 277-398. – Avenarius, *Ueber die beiden ersten Phasen des spinozischen Pantheismus* (1868). – Busse, *Beiträge zur Entwickelungsgeschichte Spinoza's*, *Zeitschrift für Philosophie und philosophische Kritik*, XC (1887), p. 50-88, XCI (1887), p. 227-251, XCVI (1889), p. 174-222. Freudenthal, *Spinoza-Studien, Zeitschrift für Philosophie und philosophische Kritik*, CVIII (1896), p. 238-282, CIX, p. 1-25.

187 | Considérons la physionomie extérieure de l'ouvrage. Il faut y distinguer le Traité proprement dit qui en constitue de beaucoup la plus grosse partie, deux Dialogues, un Appendice, et des Notes. Le Traité est divisé en deux parties, dont la première, renfermant 10 chapitres, traite de Dieu, dont la seconde, renfermant, outre une préface, 26 chapitres, traite de l'homme et de ce qui lui est propre. En gros, nous avons dans la première partie la doctrine de Dieu et de ses attributs; dans la seconde, la doctrine des passions et la doctrine de la connaissance liées à la doctrine du salut. – Les deux Dialogues sont insérés à la suite du chapitre II de la première partie; ils s'introduisent là du dehors, et nous aurons à voir quel en est le sens et quelle en est l'importance. – L'Appendice, assez court, est divisé en deux parties, dont l'une, élaborée selon la méthode des géomètres, énonce divers axiomes et démontre plusieurs théorèmes concernant la substance, les attributs, l'existence nécessaire de toute substance, et l'identité de la nature infinie avec Dieu, dont la seconde, divisée simplement en paragraphes, traite sous une forme plus libre de l'âme humaine.

– Quant aux Notes, elles sont des éclaircissements ou des essais d'éclaircissements, parfois assez développés, du texte.

L'authenticité de l'ouvrage, pris dans son ensemble, ne saurait être contestée décidément. Elle ne pourrait l'être un instant qu'à cause du caractère défectueux de l'ouvrage, mais qui tout à l'heure sera expliqué. Elle est en réalité entièrement garantie tant par des indices externes que par des indices internes. Dans les deux manuscrits, après le titre de l'ouvrage, Spinoza est désigné comme l'auteur, et le plus ancien des deux a été sans doute écrit du vivant de Spinoza. Le *Sommaire* découvert et publié par Boehmer résume très exactement ce que l'ouvrage contient; l'ouvrage répond au signalement donné par Stolle. D'un autre côté, les idées exposées dans l'ouvrage sont très proches de celles qu'exposeront le *De Emendatione intellectus* et l'*Éthique*, ou pour mieux dire sont le plus souvent les mêmes qu'elles. En outre, la marche des idées est dans le *Court Traité* sensiblement pareille à celle de l'*Éthique*. Il est | d'abord question de Dieu, de son existence et **188** de son essence, de sa manifestation nécessaire dans le monde, puis des manières d'être de l'homme, de sa dépendance à l'égard des passions, enfin de sa libération par la connaissance et l'amour de Dieu qui le conduisent à la béatitude et au salut. On ne peut guère s'arrêter à l'idée que l'ouvrage ait été composé ultérieurement par quelque disciple de Spinoza à l'aide de pensées et de formules prises dans les livres du maître; car les expressions et les idées en sont plus indéterminées, moins arrêtées, et trahissent une doctrine encore sur divers points en voie de formation. Il y a même certaines thèses du *Court Traité* qui ne concordent pas avec celles de l'*Éthique*; mais il est visible alors qu'elles marquent un développement antérieur, parce qu'inférieur, de la pensée spinoziste. De toute façon l'authenticité du *Court Traité* reste certaine.

Comment a-t-il été composé? C'est là un problème assez
délicat. Tous les historiens qui se sont occupés du *Court Traité*
en ont signalé les négligences, les obscurités, parfois la faiblesse d'argumentation. On peut y trouver d'abord un manque
de concordance entre les doctrines; les thèses panthéistiques et
anti-anthropomorphiques se trouvent côte à côte avec des
formules qui attribuent à Dieu la création ou qui lui prêtent des
qualités et des opérations dont le type premier est emprunté à
la conscience humaine. Quoique les termes de *bien* et de *mal*
soient dénoncés comme des termes purement relatifs et quasi
conventionnels, le terme de *bien* n'en est pas moins appliqué à
Dieu, etc. Ce qui est encore plus sensible, c'est un manque
de rigueur dans la composition, un manque d'exécution de
certains plans annoncés, un manque de suite dans la série des
idées et des chapitres. Autant de faits qui servent à établir,
selon Freudenthal (articles cités), que le *Court Traité* n'était
pas destiné à la publicité, qu'il a été composé pour un groupe
de disciples et d'amis, que non seulement il est demeuré
à l'état d'esquisse imparfaite, mais encore qu'il a été une
esquisse retouchée, modifiée, étendue, et parfois peut-être par
un autre que Spinoza. Une note qui se trouve en marge à la fin
du manuscrit A, et dont W. Meijer a signalé l'importance,
189 |témoigne que l'ouvrage a été dicté par l'auteur; par là s'expli-
que l'abandon avec lequel il semble souvent avoir été composé; mais par là n'est pas exclue l'hypothèse de Freudenthal,
bien en accord avec l'état de l'ouvrage, d'après laquelle le
Traité aurait subi des modifications et reçu des additions
venues sans doute de Spinoza, mais qui y auraient été insérées
par un autre que lui, par un disciple plus zélé qu'intelligent. Il
serait possible de comprendre ainsi que certaines formules et
explications nouvelles se soient introduites sans avoir rejeté
les formules et les thèses antérieures que plus ou moins elles
contredisaient, que des morceaux destinés à rester des notes

aient été incorporés au texte, ou inversement. Le *Traité* se trouve donc représenter des phases successives de la pensée de Spinoza, et il a de plus subi les vicissitudes auxquelles sont exposés les ouvrages que n'a pas fixés l'impression. Il n'en a pas moins son prix, et même en un sens il acquiert d'autant plus d'importance pour l'étude de la formation et du développement de la pensée spinoziste.

L'hypothèse que nous admettons avec Freudenthal implique déjà en principe que les notes sont authentiques. L'authenticité en a été suspectée par Trendelenburg dans le mémoire cité, page 304 *sq.* Mais les arguments de Trendelenburg viennent surtout de ce qu'il considère les notes comme contemporaines du texte, et nous avons vu que c'était le contraire qu'il fallait présumer. En outre, le titre du manuscrit A (le plus ancien des deux) prévient que le *Traité* est accompagné de notes ; le sommaire publié par Boehmer avertit également à la fin que « Spinoza a enrichi l'ouvrage d'annotations destinées à éclaircir et à développer ses idées »[1]. Au reste, nous savons par l'exemple du *De emendatione intellectus* et par celui du *Tractatus theologico-politicus* que Spinoza avait l'habitude d'ajouter des notes après coup. Enfin, s'il se peut que telle note sans importance soit suspecte, les notes les plus essentielles présentent le même caractère et, si l'on peut dire, ont le même style que le texte du *Traité* ; et il apparaît aussi qu'elles ont dû être rédigées en latin avant d'être traduites en hollandais[2].

| À quelle date faut-il rapporter le *Traité* ? En raison d'une 190 thèse systématique, Avenarius[3] a prétendu qu'il avait été composé avant l'excommunication de Spinoza, de 1654 au

---

1. Trad. Appuhn, I, p. 38.

2. Voir là-dessus Sigwart, *Prolégomènes* à son édition, 2ᵉ éd., p. XLIV *sq.*

3. *Op. cit.*, p. 85 *sq.*

commencement de 1655. Mais cette date est insoutenable.
Lisons, en effet, les dernières lignes du *Court Traité* :

> Il ne me reste pour conduire tout ce travail à sa fin qu'à dire aux
> amis pour qui j'écris : ne vous étonnez pas de ces nouveautés,
> car il vous est très bien connu qu'une chose ne cesse pas d'être
> vraie parce qu'elle n'est pas acceptée par beaucoup d'hommes.
> Et comme vous n'ignorez pas la disposition du siècle où nous
> vivons, je vous prie très instamment d'être très prudents en ce
> qui touche la communication à d'autres de ces choses. Je ne
> veux pas dire que vous deviez les garder entièrement par devers
> vous, mais seulement que si vous commencez à les commu-
> niquer à quelqu'un, nulle autre fin et nul mobile autre que le
> salut de votre prochain ne doit vous inspirer, et qu'il vous faut
> être le plus certains qu'il se puisse à son sujet que votre travail
> ne sera pas sans récompense. Enfin, si à la lecture de cet
> ouvrage vous vous trouviez arrêtés par quelque difficulté
> contre ce que je pose comme certain, je vous demande de ne
> pas vous empresser de le réfuter, avant de l'avoir médité assez
> longtemps et avec assez de réflexion ; si vous le faites, je tiens
> pour assuré que vous parviendrez à la jouissance des fruits que
> vous vous promettez de cet arbre [1].

Ainsi Spinoza nous apparaît comme le docteur d'un groupe de
disciples et d'amis qui attendent avidement de lui la lumière ;
un jeune homme de 22 ans aurait-il pu jouer ce rôle ? Nous
voyons qu'il se plaint de la dureté des temps et qu'il exhorte
à la prudence : cela n'est-il pas plus naturel après qu'avant
l'excommunication ? Le *Court Traité* révèle une tendance à
transposer dans le langage de la philosophie, et d'une certaine
philosophie, des conceptions du Christianisme ; cela n'est-il
pas plutôt en rapport avec la fréquentation un peu prolongée de
quelques sectes chrétiennes ? Il touche au problème du diable,

---

1. Trad. Appuhn, p. 194-195.

problème qui avait de l'intérêt pour les chrétiens, non pour les juifs.

Il y a là un ensemble de raisons qui obligent de placer la | date du *Traité* après l'excommunication ; mais, d'autre part, **191** le contenu du *Traité*, et sans doute aussi l'*Appendice* I où est ébauchée une exposition sous forme géométrique, restent antérieurs aux lettres de Spinoza à Oldenburg, de 1661-1662[1]. D'après Meinsma[2], le fond de l'ouvrage aurait été constitué avant que Spinoza fût parti d'Amsterdam, c'est-à-dire avant le commencement de 1660. Seulement la fin du *Traité* paraît bien s'adresser à des amis absents, selon la juste observation de Freudenthal[3]. Il paraît extrêmement probable que le *Traité*, commencé à la fin du séjour de Spinoza à Amsterdam, a été terminé peu après son installation à Rijnsburg.

Reste à examiner la question du caractère et de la date des *Dialogues*, insérés à la suite du chapitre II de la dernière partie du *Court Traité*[4]. Généralement ces deux *Dialogues* ont été considérés comme antérieurs au *Traité* proprement dit, et comme la première expression que nous ayons de la pensée philosophique de Spinoza. Tout au plus Sigwart, dans la 2e édition de sa traduction[5] se montrait disposé à séparer la cause du deuxième *Dialogue* de la cause du premier, et à admettre que ce deuxième dialogue, ainsi que la partie du chapitre XXVI (2e partie) qui y correspond exactement, forment un morceau qui n'appartenait pas originairement au *Traité*. Plus récemment Freudenthal a essayé d'établir que les deux dialogues

---

1. Sigwart, *Spinora's neuentdeckter Tractat*, p. 135 *sq.*

2. K. O. Meinsma, *Spinoza et son cercle*, Paris, Vrin, 1983, réimpression à paraître, 2005 [N.d.E.].

3. *Spinoza, sein Leben und seine Lehre*, p. 105.

4. Sur le contenu de ces dialogues, voir *supra*, la deuxième et la cinquième leçon.

5. *Prolégomènes*, p. XXXV-XXXVI.

sont postérieurs au *Traité*[1]. Son argumentation consiste à
montrer que les thèses et les formules des *Dialogues* ne
sauraient se comprendre que si elles sont rapportées aux explications et aux assertions plus développées du *Traité*. Mais cela
prouve-t-il qu'elles soient postérieures? Il semble bien que
dans les *Dialogues* la pensée de Spinoza, s'attachant à certains
sujets dont elle saisit l'importance, y exprime des idées à l'état
de tendances, sans arriver à leur donner, tant s'en faut, leur
192   expression technique | parfaite. De ce que le *Traité* en expose
plus clairement le sens, qu'il en fait mieux connaître les prémisses et les conséquences, suit-il nécessairement qu'il ait dû
les précéder? Le *Ménon* de Platon est certainement plus clair
quand on a lu la *République* : jugera-t-on la *République* antérieure au *Ménon*? Il est vrai que pour le second *Dialogue*,
Freudenthal essaie de donner à son argumentation une base
plus matérielle; il relève une série de phrases commençant
par : « J'ai entendu dire… », ou « Je remarque que tu as dit… »,
ou : « Tu as dit encore que… », etc., et il montre que la suite de
ces phrases énonce des propositions que l'on retrouve dans le
Traité. À coup sûr! Il n'est pas douteux que les questions sur
lesquelles portent les *Dialogues* ne soient aussi des questions
étudiées dans le *Traité*, – et même dans l'*Éthique* : la pensée de
Spinoza a gardé les préoccupations dont elle est partie. Quant à
ces façons de parler, peut-on vraiment les regarder comme des
références? N'est-il pas manifeste que, comme dans tous les
Dialogues et en raison des habitudes ou des nécessités litté-
raires du genre, elles se rapportent à des conversations antérieures fictives que l'entretien actuel est censé continuer?
D'ailleurs, pourquoi Spinoza aurait-il composé ces *Dialogues*
après coup? Pour éclaircir les idées du *Traité*? Mais les idées
du *Traité* apparaissent, malgré tous les défauts de l'ouvrage,

---

1. *Spinoza-Studien, Zeitschrift für Philosophie und philosophische Kritik*,
CIX, 1896, p. 11-22.

incomparablement plus lumineuses que les formules ellip-
tiques et si imparfaitement dégagées des *Dialogues*. Et quel
singulier dessein que de mettre en dialogue ce qui eût été
exposé plus nettement et plus simplement en des notes,
comme celles que le *Traité* fournit en abondance! La vérité
semble bien être que Spinoza a essayé d'abord de présenter sa
doctrine, encore très imparfaite et à peine ébauchée, sous une
forme qu'il a ensuite abandonnée. Quand il rédigeait ou dictait
le *Traité* proprement dit, il devait avoir déjà en tête la méthode
d'exposition géométrique dont l'Appendice nous offre un
spécimen. L'exposition dialoguée a répondu à une inspiration
peut-être déjà puissante, mais confuse encore, et indécise,
sinon sur le sens qu'elle prendra, du moins sur la forme
intellectuelle qu'elle devra revêtir.

| Venons maintenant à l'exposition, qui pourra être plus 193
brève, des circonstances dans lesquelles ont été composées
et publiées les autres œuvres de Spinoza parues soit de son
vivant, soit par les soins de ses amis après sa mort.

Et d'abord, *Renati des Cartes principiorum philosophiae
pars I et II, more geometrico demonstrate per Benedictum de
Spinoza Amsletodamensem. Accesserunt ejusdem Cogitata
Metaphysica, in quibus difficiliores, quae tam in parte
Metaphysices generali quam speciali occurrunt, quaestiones
breviter explicantur*. Apud Johannem Riewerts, 1663. Jarigh
Jelles avait fait les frais de l'impression de l'ouvrage.

L'ouvrage était précédé d'une préface de Louis Meyer qui
faisait connaître à quelle occasion et comment il avait été
composé. Spinoza avait dicté à un disciple à lui, auquel il
enseignait la philosophie de Descartes, la deuxième partie des
Principes et un fragment de la troisième, démontrés par le
procédé des géomètres, et aussi l'exposé des principales et
plus difficiles questions agitées dans la métaphysique, et non
résolues par Descartes; c'est ce travail-là qu'il laissait publier,

sur les vives instances de ses amis, après l'avoir revisé et
augmenté; il y avait notamment ajouté une exposition partielle
du contenu de la première partie des *Principes*, exposition
rédigée rapidement en quinze jours.

Quel était ce jeune disciple pour qui Spinoza avait assumé
tout d'abord cette tâche? Dans une lettre à Spinoza, de février
1663[1], Simon de Vries envie la bonne fortune de ce commensal de Spinoza qui peut à toute heure de la journée s'entretenir
avec le maître des questions les plus hautes. À quoi Spinoza
répond

> Il n'y a aucune raison d'envier Casearius; personne ne m'est
> plus insupportable, et il n'est personne dont j'ai pris plus soin
> de me garder que de lui; c'est pourquoi je vous prie, vous et tous
> nos amis, de ne pas lui communiquer mes opinions avant qu'il
> soit arrivé à un âge plus mûr. Pour le moment, il est encore trop
> enfant; il est peu constant avec lui-même, il est plus curieux de
> nouveauté que de vérité. Mais j'espère que d'ici quelques
> années il corrigera lui-même ces défauts autant que | j'en puisse
> juger par son naturel, je suis presque sûr qu'il en sera ainsi; ses
> dispositions me le font donc aimer[2].

On pouvait donc savoir par la lettre de Simon de Vries le nom
de ce jeune homme, quoique Simon de Vries l'eût légèrement
altéré: Casuarius, disait-il. Mais ce mot avait été pris par les
historiens pour un mot de bas latin pouvant signifier quelque
chose comme ceci: qui habite la même demeure. Des recherches de Meinsma ont permis de restituer le nom propre et
d'identifier le jeune homme[3]. Ce Casearius, né en 1642 à

---

1. *Lettre* VIII, éd. Van Vloten et Land, t. II, p. 29.

2. *Lettre* IX, p. 33.

3. Meinsma, *Spinoza en zyn Kring*, La Haye, 1896; traduction allemande
par Brumer, *Spinoza und sein Kreis*, 1909, p. 265-273; *Spinoza et son cercle*,
trad. fr. par S. Roosenburg, Paris, Vrin, 1983, réimpression à paraître, 2005
[N.d.É.].

Amsterdam, étudiant en théologie à Leyde en 1661, était venu auprès de Spinoza pour s'instruire de la philosophie nouvelle; il fut plus tard pasteur au Malabar dans l'Hindoustan, s'occupa activement de botanique et mourut jeune; par son genre d'acti-vité et sa curiosité intellectuelle, il répondit assez, semble-t-il, à ce que Spinoza pensait de ses qualités.

En laissant passer son ouvrage, revu et complété, de son élève au public, qu'offrait donc en réalité Spinoza de ses idées? L'ouvrage, ainsi qu'on le sait, comprend, avec les *Principes de la philosophie de Descartes*, des *Pensées méta-physiques*. Quel lien y a-t-il entre les deux? Kuno Fischer, relevant entre les *Pensées métaphysiques* et les *Principes de la philosophie de Descartes* des différences assez sensibles de doctrine, voit dans les *Pensées métaphysiques* un écrit anti-cartésien, joint aux *Principes* en manière de réfutation impli-cite ou d'amendement[1]. Mais Freudenthal paraît bien avoir démontré que les *Cogitata* s'inspirent directement d'écrits scolastiques en circulation à l'époque, d'écrits de Suarez, de Martini, de Scheibler, de Burgersdijck, d'Heerebord (Heereboord, professeur à Leyde, avait introduit quelque chose du cartésianisme dans sa scolastique), et qu'ils emprun-tent à ces écrits des questions et des concepts dont Descartes n'avait pas traité, pour les réviser, s'il y a lieu, et les adapter au cartésianisme[2].

| On conçoit d'ailleurs que l'initiation d'un élève, et même **195** du public, à la philosophie nouvelle n'était guère possible si

1. *Geschichte der neuern Philosophie, Jubiläumsausgabe*, t. III, 4e éd., p. 291-306.
2. Freudenthal, *Spinoza und die Scholastik* dans les *Philosophische Aufsätze* en l'honneur d'Eduard Zeller, Leipzig, 1887, p. 81-138; compte rendu de l'ouvrage de Kuno Fischer dans *Zeitschrift für Philosophie und philo-sophische Kritik*, CXIV, 1899, p. 300. Voir aussi J. Lewkowitz, *Spinoza's Cogitata Metaphysica und ihr Verhältniss zu Descartes and zur Scholastik*, Breslau, 1902.

l'on ne tenait pas compte des questions et des formules que
rencontraient cet élève et le public dans la philosophie scolastique encore régnante. Il se peut même que les *Cogitata* aient
été composés avant la deuxième partie des *Principes de la
Philosophie*, comme nous savons par L. Meyer qu'ils l'ont été
avant la première, et qu'ils aient été la matière des premières
leçons données à Casearius. Ils auraient marqué la transition
de la scolastique au cartésianisme, et préparé sans doute dans
l'intention de l'auteur, de concert avec les *Principia*, le passage à sa doctrine personnelle. Des signes de cette doctrine se
laissent d'ailleurs apercevoir çà et là aussi bien dans les
Principia que dans les *Cogitata*. Néanmoins, dans l'ensemble,
l'ouvrage de Spinoza laisse dans l'ombre sa propre pensée; il
est bien, comme le dit L. Meyer, avant tout un exposé fidèle du
cartésianisme, en désaccord sur divers sujets, comme le sujet
de la liberté, celui de l'incompréhensibilité de la puissance
divine, avec ce que l'auteur considère comme vrai[1]. Si donc il
nous révèle utilement la façon dont Spinoza s'est assimilé le
cartésianisme, s'il nous fournit souvent des lumières sur l'origine des formules que Spinoza emploie pour son compte, il ne
saurait être tenu pour une expression directe et authentique de
la pensée de Spinoza, à quelque moment que ce soit[2]. Dans une
196 lettre à Oldenburg, où Spinoza | raconte dans quelles circons-

---

1. Cf. *Lettre* XXI, t. II, p. 94.

2. Schopenhauer commet donc une grave erreur quand, prenant les
Cogitata pour l'exposition de la doctrine de l'auteur, il prétend que Spinoza,
après avoir affirmé le libre arbitre en bon cartésien, ne l'a nié que beaucoup plus
tard, vers la fin de sa vie. *Ueber die Freiheit des Willens* (1841), éd. Grisebach,
III, p. 455-456. L'ouvrage a été composé en 1662-1663; il est donc postérieur au
Court Traité, quoi qu'en ait dit Busse, *Beiträge zur Entwickelungsgeschichte
Spinoza's*, *Zeitschrift für Phil.*, XC, 1887, p. 56 *sq.*; l'argument externe le plus
fort de Busse, celui qui voyait dans le 6e chapitre du 1er livre du *Court Traité*
(§ 7) une citation des *Cogitata*, a été ruiné par le fait qu'il reposait sur une faute
d'impression de la traduction Sigwart.

tances il été amené à le composer et à le publier, il explique qu'il l'a « dicté à un certain jeune homme auquel il ne voulait pas exposer ouvertement ses opinions » ; il indique que c'est à sa prière qu'un de ses amis a déclaré en tête que l'auteur ne reconnaît pas pour siennes toutes les pensées exposées dans le traité, et adhère même parfois à des pensées contraires. Spinoza, au surplus, ajoute qu'il compte sur cet ouvrage pour attirer l'attention sur lui, pour obtenir la protection de personnages importants de son pays et pour pouvoir ensuite, sans scandale comme sans danger, publier d'autres écrits[1].

De fait, l'ouvrage servit au moins à étendre la notoriété de Spinoza ; il ne se répandit pas seulement en Hollande, où une traduction hollandaise (1663) de Pieter Balling, ami de Spinoza, en facilita la diffusion, mais même à l'étranger ; et il dut inspirer l'offre, qui fut faite à Spinoza dix ans plus tard par l'électeur Palatin, d'une chaire de philosophie à l'Université de Heidelberg.

Avant que les circonstances l'eussent conduit d'abord à composer, puis à publier les *Principes de la philosophie cartésienne*, Spinoza avait entrepris, pour faire connaître sa doctrine, son *Traité de la Réforme de l'Entendement*. Il s'appliqua à cette œuvre en 1661, ou à peu près. On peut lire, en effet, dans l'*Avertissement au Lecteur* :

> Ce *Traité de la Réforme de l'Entendement* que nous te donnons ici, bienveillant Lecteur, dans un état d'inachèvement, a été composé par l'auteur il y a bien des années. Il eut toujours l'intention de le terminer ; d'autres soins l'en ont empêché, et la mort a fini par l'enlever sans qu'il ait pu mener l'œuvre jusqu'au bout selon son désir[2].

1. *Lettre* XIII, t. II, p. 46-47.
2. T. I, p. 2. Voir également la préface des *Opera posthuma*.

Dans une lettre à Oldenburg (lettre non datée, mais vraisem-
blablement de décembre 1661 ou de janvier 1662), Spinoza
écrivait ceci :

197
> Pour ce qui est de | votre nouvelle question, sur la façon dont les
> choses ont commencé d'être, et sur le lien par lequel elles
> dépendent de la Cause première, j'ai composé un petit ouvrage
> entier (*opusculum*) sur ce sujet et aussi sur la réforme de
> l'entendement (*de emendatione intellectus*); je suis occupé à
> le transcrire et à le corriger. Mais par moments j'abandonne
> l'ouvrage, parce que je n'ai encore aucun dessein ferme
> touchant sa publication [1].

Bien qu'on ait voulu voir dans la mention de cet *opuscule* une
allusion *au Court Traité*[2], il semble bien décidément que c'est
le *Traité de la Réforme de l'Entendement* qui est visé. On peut
d'abord s'appuyer sur l'emploi, dans la lettre, des termes
mêmes qui ont servi de titre à l'ouvrage. Ensuite on peut observer que les indications de la lettre ne sauraient se rapporter ni
au *Court Traité*, qui ne s'occupe pas à fond d'une théorie de la
connaissance, ni de l'*Éthique*, qui ne peut véritablement pas
être dite un « opuscule ». Il est vrai que le *Traité* que nous
possédons ne porte que sur des questions de méthode et
ne touche que très incidemment aux problèmes de l'origine
des choses. Mais au cours de ses développements, Spinoza
renvoie plus d'une fois à ce qu'il appelle *mea philosophia* ou
à un exposé des questions métaphysiques dernières. On peut
d'ailleurs admettre que Spinoza aurait exécuté le plan tracé
dans la lettre à Oldenburg, s'il eût conduit l'ouvrage à son
terme. Pourquoi ne l'a-t-il pas conduit à son terme, quoique
Oldenburg le pressât encore là-dessus[3]? Sans doute, pour ce

1. *Lettre* VI, t. II, p. 27.
2. Voir Carl Gebhardt, *Spinoza's Abhandlung über die Verbesserung des
Verstandes*.
3. Voir *Lettre* XI, du 3 août 1663, t. II, p. 39.

qui est des questions proprement métaphysiques, parce que la confection de l'*Éthique* lui a paru de plus en plus rendre cet exposé inutile. Mais, pour ce qui est des questions touchant la méthode ou la théorie de la connaissance, il garda sans doute l'intention de reprendre ou d'achever l'ouvrage. Il l'avait sans doute commencé avec l'idée que le rôle qu'il attribuait à la connaissance dans le salut exigeait une étude plus précise des moyens légitimes de connaître et des préjugés qui les empêchent; et peut-être une méditation renouvelée du cartésianisme, comme aussi les réflexions provoquées par les prétentions | de l'empirisme baconien, avaient confirmé pour lui 198 cette exigence; en tout cas, il avait certainement continué à penser qu'une théorie développée de la connaissance, en accord avec son système et capable de résoudre certains problèmes que son système suscitait, était indispensable. Traitant dans la deuxième partie de l'*Éthique* des notions certaines et des notions mal fondées, il dit :

> Comme toutefois j'ai réservé ces questions pour un autre Traité, et aussi pour ne pas me rendre fastidieux par une prolixité excessive sur ce sujet, j'ai décidé ici de surseoir à ces explications [1].

C'est donc que pour la doctrine des conditions fondamentales et des méthodes légitimes de la connaissance, Spinoza estimait qu'il devait y avoir un ouvrage servant de complément à l'*Éthique*. Que pouvait être cet ouvrage, sinon le Traité, resté en cours d'exécution, sur la *Réforme de l'entendement*? Si Spinoza ne le mena pas jusqu'à son terme, ce fut, la préface des *Opera posthuma* nous l'apprend sans détour, à cause de « la difficulté de l'ouvrage, des profondes recherches et du savoir infini qu'il exigeait ». C'était, en effet, chose assez difficile d'expliquer notamment la façon dont peut se rattacher à la

---

1. Prop. XL, scolie.

connaissance des choses éternelles celle des modes passagers et corruptibles; et l'on conçoit que Spinoza en ait été embarrassé. Sur la part qui revient à l'expérience et sur celle qui revient à la raison, sur la nature des définitions rigoureuses, il eut plus d'une fois à répondre à des demandes d'éclaircissements; ses réponses mêmes témoignent du besoin qu'il avait de pousser plus loin là-dessus sa pensée [1].

Ce *Traité de la Réforme de l'Entendement*, destiné avant tout à établir les caractères de la connaissance vraie, et les moyens de l'acquérir, s'ouvre par une sorte de confidence de l'auteur sur la leçon qu'il a tirée de l'expérience de la vie et sur les motifs personnels qui lui imposent d'aborder, avec les seules ressources de son intelligence, mais de son intelligence purifiée, l'inéluctable problème du salut. Confidence émouvante par sa sincérité, et qui nous révèle dans une sorte d'union sans partage l'aspiration du philosophe à la pensée claire et celle de l'homme à la béatitude.

199 | Du travail d'intense et continue méditation par lequel il tâchait de développer systématiquement sa pensée et de résoudre les questions particulières impliquées dans sa doctrine, Spinoza fut en quelque mesure détourné par la préparation et la publication du *Traité théologico-politique*. L'ouvrage parut en 1670 sous ce titre: *Tractatus theologico-politicus, continens dissertationes aliquot quibus ostenditur libertatem philosophandi non tantum salva pietate et reipublicae pace posse concedi, sed eamdem nisi cum pace reipublicae ipsaque pietate tolli non posse.* Hamburgi. Apud Henricum Künrath, in-4°.

En septembre 1665, Oldenburg écrivait à Spinoza:

> Vous philosophez moins, à ce que je vois, que vous ne théologisez, si je peux m'exprimer ainsi; c'est, en effet, sur les anges, la prophétie, les miracles que vous consignez vos

---

1. Cf. *Lettre* X, t. II, p. 35; *Lettre* LX, p. 212; *Lettre* LXXXIII, p. 257.

pensées. Mais peut-être traitez-vous de cela en philosophe. Quoi qu'il en doive être, ce que je sais, c'est que l'ouvrage sera digne de vous, et que je souhaite avec impatience de l'avoir [1].

Interrogé sur le but qu'il poursuit en préparant son ouvrage, Spinoza répond à Oldenburg :

> Je suis en train de composer un traité, où j'expliquerai mon sentiment sur l'Écriture. Les motifs qui me poussent à ce travail sont : 1) les préjugés des théologiens ; je sais qu'ils sont le plus grand obstacle qui empêche les hommes de s'appliquer à la philosophie ; j'essaie donc de rendre ces préjugés manifestes et d'en débarrasser l'esprit des hommes plus cultivés ; 2) l'opinion qu'a de moi le vulgaire, qui ne cesse de m'accuser d'athéisme ; je suis donc forcé de redresser autant que possible cette erreur ; 3) mon désir de défendre par tous les moyens la liberté de pensée et de parole, que menacent de supprimer ici l'autorité excessive laissée aux pasteurs et leur zèle indiscret [2].

Il entrait donc dans les motifs de Spinoza un motif de justification personnelle, assez explicable par le renom d'athée et de personnage irréligieux qui lui avait été fait ; et l'on est même autorisé à croire que le *Traité théologico-politique* s'était incorporé des vues ainsi que des fragments du mémoire en espagnol – mémoire perdu – dans lequel Spinoza, après sa rupture avec la synagogue, s'était | défendu contre les accusations **200** dont il était l'objet. Mais sans doute les raisons les plus pressantes qui inclinèrent Spinoza à laisser là son *Éthique* déjà presque terminée pour s'occuper de ce nouvel ouvrage étaient tirées de la situation politique de la Hollande. Ses relations personnelles avec Jean de Witt, la pensée de défendre l'esprit de tolérance représenté par le Grand Pensionnaire contre les attaques que celui-ci avait à subir de la part des ministres

1. *Lettre* XXIX, t. II, p. 122.
2. *Lettre* XXX, t. II, p. 124.

calvinistes, furent certainement les causes les plus directes de
la composition du *Traité théologico-politique*. Spinoza veut
donc montrer que l'Écriture n'autorise d'aucune façon le droit
que s'arrogent ministres et théologiens d'intervenir dans les
affaires de l'État et d'entraver la liberté de philosopher; ils
parlent au nom de doctrines et de dogmes qu'ils ont superposés
à l'Écriture et pour lesquels ils réclament la même autorité que
pour l'Écriture même[1]. Ils appuient leurs commentaires sur
une philosophie qui n'en est pas une, sur les spéculations des
platoniciens et des aristotéliciens par exemple, et ils y accom-
modent de gré ou de force le sens de l'Écriture : cela, au détriment de l'Écriture comme de la philosophie, et par-dessus tout
au détriment de la liberté de penser. Le principe que s'efforce
au contraire de faire triompher le *Théologico-politique*, c'est
le principe de la séparation radicale de la philosophie et de la
théologie[2]. Spinoza repousse énergiquement l'idée d'une
interprétation de la Bible suivant une doctrine philosophique,
et cela avec l'intention très arrêtée de laisser à la philosophie
un champ plus libre; il rattache ce dualisme à la différence
irréductible de rôle qu'il établit entre la religion révélée et la
philosophie : la religion révélée repose sur ce principe efficace, mais indémontrable, que la foi en Dieu et l'obéissance
aux prescriptions divines suffisent pour sauver les hommes,
tandis que la philosophie fait dépendre le salut de la connaissance claire et parfaitement démontrable de la vérité. Ainsi
sans doute Spinoza demande qu'on applique la raison à l'Écriture afin d'y discerner ce qui est attribution apocryphe, composition accidentelle, figure extérieure, et ce qui est sens
201 authentique et certain; par là il a été présenté | comme l'un

---

1. *Préface*, t. I, p. 372-373.
2. Chap. II, t. I, p. 406.

des promoteurs modernes de l'exégèse biblique[1]. Mais il maintient que l'Écriture, ramenée à ce qu'elle est véritablement, a son sens en elle-même; et de la sorte il se trouve combattre, au moins indirectement, son ami Louis Meyer, qui dans son livre *Philosophia Sanctae Scripturae interpres* (1666) avait cru devoir déduire de leur commun rationalisme que la raison philosophique, qui décide du vrai et du faux, a qualité pour interpréter absolument l'Écriture.

Opposé ainsi aux formules passives et aveugles des théologiens, mais également d'une certaine façon au rationalisme philosophique absolu en matière d'interprétation de la religion révélée, le *Traité* achève de justifier en soi la liberté de penser par une doctrine purement laïque et rationnelle du fondement de l'État.

On voit donc quels en sont les caractères, et par suite quel usage on en peut faire pour la reconstitution de la pensée de Spinoza. En un sens, c'est un écrit de circonstance, et qui fait partie d'un ensemble de publications de la même époque, rattachées aux mêmes vues politiques; mais c'est un écrit où les questions soulevées sont examinées dans un esprit philosophique qui en élève la solution au-dessus de toutes les

---

1. Dans cette façon de considérer et d'étudier la Bible, Spinoza a dû être aidé par les écrivains juifs du moyen âge, parfois même par ceux, comme Maimonide par exemple, dont il a combattu les thèses générales (voir Joël, *Spinoza's Theologisch-politisches Traktat auf seine Quellen geprüft*, 1870). Mais ces écrivains ne posaient pas la question critique dans toute son étendue. Elle était posée avec plus de précision et de largeur par Hobbes dans le *Léviathan* (III, 33). On peut pourtant douter que Spinoza ait là-dessus subi, du moins fortement, l'influence de Hobbes, car il n'y a pas accord entre les principes auxquels il se réfère et ceux que vise Hobbes. En revanche, il semble avoir dû quelque chose à Isaac de la Peyrère, dont le *Systema theologicum ex Praeadamitarum hypothesi* (1655) était dans sa bibliothèque; La Peyrère soutenait, en usant de l'expression reprise par Spinoza, que les livres de la Bible n'étaient pas « autographes»; en outre, l'on trouve chez Spinoza pas mal d'exemples qui sont également ceux de La Peyrère.

considérations contingentes. Les idées maîtresses de la doctrine spinoziste s'y trouvent sans altération essentielle, mais appropriées au sujet et à des esprits plus familiers avec la lettre de la Bible qu'avec les strictes exigences de la raison. De cette accommodation plus ou moins extérieure il n'y a | lieu de conclure ni à une modification importante survenue dans les conceptions philosophiques de Spinoza, ni à un droit d'interpréter le système spinoziste au delà ou en dehors de ce que pose l'*Éthique*.

202

Le *Traité théologico-politique* fut, lors de son apparition, considéré comme une œuvre impie, et les églises calvinistes en dénoncèrent violemment les tendances : quoique l'auteur ne se fût pas nommé, il fut bien vite connu. Les réfutations, les attaques, comme aussi les réimpressions plus ou moins déguisées, les justifications masquées se produisirent en abondance [1]. Spinoza eut l'idée de répondre à certaines de ces critiques et il demanda à Oldenburg [2] quels étaient les passages de l'ouvrage qui avaient éveillé les soupçons des hommes éclairés afin d'expliquer ces passages par des notes. Ces notes préparées par Spinoza et écrites en latin, mais qui avaient été seulement mises en marge de quelques exemplaires du *Traité*, ont été publiées dans leur texte primitif par Bœhmer, à la suite de son édition du *Sommaire* du *Court Traité*. Elles avaient été au reste déjà imprimées en français, mais défigurées, dans la traduction française du *Traité théologico-politique* qui avait paru en 1678 sous le titre *La Clef du Sanctuaire*.

Avant la rédaction de ces notes, certainement après la publication de son *Traité théologico-politique*, Spinoza avait écrit son *Abrégé de grammaire hébraïque*, *Compendium grammatices linguae hebraeae*. Ce manuel est resté inachevé.

---

1. Voir Van der Linde, *Benedictus Spinoza, Bibliografie*, p. 2-6.
2. *Lettre* LXVIII, t. II.

Il insiste sur ceci, que ce n'est pas le verbe, mais le nom qui est l'élément primitif et essentiel du langage, et que par conséquent la signification originelle des mots est celle qui désigne non un état ou une action, mais une chose ou une substance. Théorie sans doute très discutable au point de vue philologique, mais dont les rapports avec la métaphysique spinoziste sont manifestes.

Spinoza avait également fait une traduction hollandaise du *Pentateuque*. En fut-il lui-même peu content? Toujours est-il que peu de temps avant sa mort il la jeta au feu.

| Nous avons vu quelle fut la destinée de son petit écrit de 203 l'*arc-en-ciel*, et comment, après avoir été publié sans nom d'auteur dix ans après la mort de Spinoza, et avoir été pendant longtemps parfaitement oublié, il a été découvert de nouveau par le libraire Müller et publié dans le *Supplementum* de 1862.

Mais l'œuvre la plus considérable qui ait occupé les dernières années de la vie de Spinoza a été le *Tractatus politicus*, interrompu par sa mort. De même que les conceptions théologiques du *Traité théologico-politique* l'avaient conduit à son étude de la grammaire hébraïque et à sa traduction du *Pentateuque*, les conceptions politiques de ce *Traité* le conduisirent à un examen nouveau et plus étendu des diverses formes de gouvernement, de leur constitution et de leur développement. On a cru relever dans ce que nous avons du *Traité politique* (l'ouvrage s'arrête au moment où il va traiter de la démocratie, après avoir traité de la monarchie et de l'aristocratie) des modifications apportées par Spinoza à sa doctrine politique antérieure, peut-être sous l'influence des événements de 1672, une adhésion à l'aristocratie remplaçant ses préférences d'autrefois pour la démocratie. À y regarder de près, la fidélité de Spinoza à ses conceptions est peut-être plus complète qu'il ne paraît d'abord, et la question en tout cas ne peut être aussi simplement résolue.

Si nous n'avons pas considéré jusqu'à présent l'*Éthique*, ce n'est pas parce que la composition en aurait suivi celle des ouvrages dont nous venons de parler, c'est parce qu'elle n'a pas cessé d'être reprise par Spinoza jusqu'à la fin de sa vie. Voici donc quelques indications sur la genèse extérieure de l'ouvrage. Nous constatons d'abord par l'*Appendice* I du *Court Traité* que Spinoza s'était appliqué à revêtir de la méthode euclidienne certaines de ses conceptions sur la substance, les attributs, Dieu, et ce genre de travail doit dater du milieu de 1661. En septembre de la même année, une lettre à Oldenburg est accompagnée d'un travail dans lequel se trouvent formulés certains des axiomes, définitions et théorèmes qui seront repris au début | de l'*Éthique*[1]. C'est sans doute après avoir travaillé à son *Traité de la Réforme de l'Entendement*, à savoir dans le cours de 1662, que Spinoza s'engagea délibérément et à fond dans l'exposition de toute sa philosophie sous forme géométrique. Nous savons qu'il en communiquait les parties achevées à ce groupe de disciples et d'amis pour lequel il avait déjà composé le *Court Traité*. C'est de Rijnsburg qu'il leur envoyait à Amsterdam de notables morceaux de la première partie de l'*Éthique* : ces envois étaient attendus avec la plus vive impatience et reçus avec la plus ardente curiosité. Simon de Vries, qui était l'âme de ce groupe, écrivait le 24 février 1663 à Spinoza :

> Pour ce qui est de notre réunion (*collegium*), voici comment elle est établie : l'un de nous, chacun à son tour, lit votre travail d'un bout à l'autre, le commente selon sa pensée, et explique toute la démonstration suivant la série et l'ordre de vos propositions ; puis, s'il arrive que nous ne soyons pas capables de nous satisfaire les uns les autres, nous avons jugé qu'il était bon d'en prendre note et de vous en écrire, afin que la chose, si possible, nous devienne plus claire, et afin que sous vos

1. *Lettre* II, t. II, p. 5-6. Voir aussi *Lettre* IV, p 10-11.

> auspices nous puissions défendre la vérité contre ceux qui sont
> superstitieusement religieux et chrétiens, et soutenir au besoin
> l'assaut du monde entier [1].

Entre autres éclaircissements que Simon de Vries sollicitait de Spinoza dans cette lettre, il en était qui concernaient le troisième scolie de la proposition VIII. Or le texte cité sous ces chiffres est dans la rédaction définitive celui du scolie de la proposition X et c'est la preuve des remaniements que Spinoza par la suite crut nécessaire d'opérer.

Dans une lettre à Guillaume de Blyenbergh, du 13 mars 1665, Spinoza disait :

> Par un homme juste, j'entends celui qui désire avec constance
> que chacun possède ce qui lui appartient en propre; et je
> démontre dans mon *Éthique* non encore éditée que ce désir
> chez les hommes pieux tire nécessairement son origine de la
> connaissance claire qu'ils ont d'eux-mêmes et de Dieu [2].

C'est | la première fois que nous voyons Spinoza appeler son 205 ouvrage *Éthique*. Quant à la définition de la justice à laquelle Spinoza renvoie, elle devrait se rapporter aux propositions XXXVI et XXXVII de la quatrième partie : la rédaction de l'œuvre eût donc été à cette époque assez avancée. Seulement on a contesté (Tönnies) que Spinoza, dans l'*Éthique* définitive, fût resté fidèle à cette définition, et on a mis en doute de la sorte le droit d'opérer la référence indiquée aux propositions de la quatrième partie.

Dans la même année, mais un peu plus tard, en juin 1665, Spinoza annonce en ces termes que la troisième partie touchera bientôt à son terme :

> Pour ce qui est de la troisième partie de notre philosophie, je
> vous en enverrai prochainement un fragment, soit à vous-

---

1. *Lettre* VIII, t. II, p. 30. Voir la réponse de Spinoza qui approuve cette façon de procéder. *Lettre* IX, p. 33.

2. *Lettre* XXIII, t. II, p. 107.

mêmes, si vous voulez vous charger de la transmettre, soit à
notre ami de Vries ; et quoique j'eusse résolu de ne rien envoyer
avant de l'avoir terminée, cependant, comme elle se trouve
prendre plus de temps que je n'avais supposé, je ne veux pas
vous faire attendre trop longtemps. J'enverrai jusqu'à environ
la 80ᵉ proposition[1].

Or il n'y a pas de livre de l'*Éthique* actuelle qui contienne 80
propositions. Ce qui est vraisemblable, c'est que la troisième
et la quatrième partie ont été séparées après avoir été unies
dans une première rédaction. Il semble même que l'*Éthique*
primitivement devait être divisée en trois parties : car il y a un
passage de l'appendice de la deuxième partie de l'*Éthique*,
passage que par mégarde Spinoza n'a pas retouché, et où il
déclare qu'il traitera dans la troisième partie de la direction de
l'âme par la raison (*ut in tertia parte ostendam*)[2].

De toute façon, en 1665, l'*Éthique* était bien près d'être
achevée. Spinoza dut la négliger pendant le temps où il
s'occupa de la composition du *Traité Théologico-politique*.
Cependant, après plus d'une retouche sans doute, elle était
prête pour la publication en 1675. Des copies du manuscrit
étaient venues déjà aux mains, non seulement des premiers
amis de Spinoza, mais de personnes entrées plus tard en rela-
tion avec lui, comme Schuller et Tschirnhaus[3]. | Spinoza
s'était même résolu à faire paraître l'ouvrage, ainsi que l'indique une lettre que lui adressait Oldenburg le 22 juillet 1675 :

J'ai compris par votre réponse en date du 5 juillet que vous
aviez l'intention de publier votre Traité en cinq parties ;
permettez-moi, je vous prie, de vous engager par sincère

1. *Lettre* XXVIII, t. II, p. 121.
2. T. I, p. 123.
3. Cf. *Lettre* LVII, LVIII, LIX, LX, LXIII, LXIV, LXV, LXVI, LXX, LXXII, LXXX,
LXXXI, LXXXII, LXXXIII.

affection pour vous à n'y rien introduire qui semble en quelque façon ébranler la vertu et la religion.

À quoi Spinoza répondit :

> Au moment où j'ai reçu votre lettre du 22 juillet, je partais pour Amsterdam afin de faire imprimer le livre dont je vous avais parlé. Tandis que je m'en occupe, le bruit s'est répandu partout qu'un livre de moi est sous presse, et que je m'efforce d'y montrer qu'il n'y a pas de Dieu : ce bruit a trouvé crédit auprès de nombre de personnes. En conséquence, certains théologiens (les mêmes peut-être qui avaient mis le bruit en circulation) ont saisi cette occasion de porter une plainte contre moi auprès du prince et des magistrats. D'imbéciles cartésiens, en outre, qui sont réputés m'être favorables, afin de se laver du soupçon, ne cessaient pas et ne cessent point encore d'afficher leur aversion pour mes idées et mes écrits. Ayant appris tout cela de personnes dignes de foi, qui m'affirmaient en même temps que les théologiens manœuvraient partout contre moi, j'ai décidé d'ajourner l'édition que je préparais jusqu'au moment où je verrais la tournure que prennent les choses… Mais la situation me semble s'aggraver tous les jours, et je ne sais plus trop ce que je ferai [1].

Aux conseils d'Oldenburg, Spinoza répondait d'ailleurs en le priant de spécifier quelles thèses lui semblaient contraires à la religion et à la vertu ; car, pour lui, il ne pouvait apercevoir dans ce qui était d'accord avec la raison rien qui pût les compromettre. – En fin de compte, il ne crut pas pouvoir affronter les obstacles et les périls qui se dressaient devant la publication de l'*Éthique* ; l'*Éthique* ne parut qu'après sa mort.

L'ouvrage est écrit sous forme géométrique, comme l'avaient été les *Principes de la philosophie cartésienne* ; et certainement il y avait un rapport intime entre cette forme adoptée par Spinoza et le fond de sa pensée. Remarquons

---

1. *Lettre* LXVIII, t. II, p. 231-232.

207 seulement | que l'idée de l'adopter pour des matières philo-
sophiques n'était pas nouvelle, et L. Meyer le reconnaît dans
sa *Préface* aux *Principes de la philosophie cartésienne*.
Mais l'idée en remontait plus haut que Spinoza et L. Meyer ne
l'imaginaient. Chez les anciens, Proclus, dans son *Institutio
theologica*, s'était beaucoup rapproché de ce genre d'exposition ; il présentait ses pensées philosophiques à peu près
comme des théorèmes suivis de démonstrations et de corol-
laires. Au XIIIᵉ siècle, Alain de Lille, le docteur universel, dans
son *De arte fidei catholicæ*, partait de définitions, de postulats et d'axiomes pour déduire mathématiquement ses thèses.
De même, au XIVᵉ siècle, Thomas Bradwardine. Au XVIᵉ
siècle, Languet et Henning avaient réclamé l'application de la
méthode géométrique à l'examen des questions politiques.
Mais Spinoza avait ignoré ces devanciers ; et, outre l'influence
qu'avait sur lui par sa certitude éminemment objective et
impersonnelle la science mathématique, c'était sans doute
l'essai d'exposition géométrique présenté par Descartes à la
suite de ses *Réponses aux deuxièmes objections*, qui avait dû le
décider. Au reste, un autre disciple indépendant de Descartes,
Geulinx, devait, dans sa *Methodus invenienti argumenta* de
1663, appliquer, lui aussi, la méthode des géomètres.

On aurait tort d'imaginer que, resserrée par ce formalisme
géométrique, la pensée de Spinoza ait perdu de sa puissance
naturelle d'expression et de la profondeur de ses perspectives.

> La forme mathématique, a dit Henri Heine, donne un air âpre et
> dur à Spinoza ; mais c'est comme l'écorce de l'amande, la chair
> n'en paraît que plus savoureuse. La lecture de Spinoza nous
> saisit comme l'aspect de la plus grande nature dans son calme
> vivant ; c'est une forêt de pensées hautes comme le ciel, dont les
> cimes fleuries s'agitent en mouvements onduleux, tandis que

les troncs inébranlables prolongent leurs racines dans la terre éternelle. On sent dans ses écrits flotter un certain souffle qui vous émeut d'une manière indéfinissable. On croit respirer l'air de l'avenir. L'esprit des prophètes israélites planait-il encore sur leur arrière-descendant? Il y a aussi en lui un sérieux, une fierté qui a conscience de sa force, une *grandeza* de la pensée, qui semble un héritage... Ajoutez-y la patience du Hollandais, | qui ne s'est pas plus démentie dans les écrits de l'homme que **208** dans sa vie[1].

On peut dire qu'en dépit de ce procédé d'exposition, le plus impersonnel qui soit, il y a un style, au sens fort du mot, un style de Spinoza. Sa langue sans doute (c'est de son latin qu'il s'agit) n'est pas toujours parfaitement correcte; elle est plus d'une fois négligée, inélégante. Cependant elle est nourrie d'écrivains anciens, ce qu'attestent de nombreuses réminiscences notamment de Tacite et de Térence[2] elle ne dédaigne pas par endroit un certain tour, une certaine recherche, mais toujours sans artifice. Elle est avant tout pleine, vigoureuse, dense, tranchante même, d'une allure quelquefois hautaine et sarcastique quand elle dénonce les préjugés et les superstitions vulgaires, d'une fixité de contours quasi rituelle, d'un éclat pur et contenu quand elle annonce la joie qui résulte de la connaissance vraie et le salut qui est dans l'amour intellectuel de Dieu. Le labeur de l'expression et la difficulté que rencontre la mise en œuvre de la méthode servent encore à faire ressortir la force intérieure de la pensée. Spinoza avait bien conscience que la voie qu'il proposait aux esprits était mal aisée et ardue, mais il terminait son *Éthique* par ces mots: *Omnia præclara tam difficilia quam rare sunt.*

---

1. *De l'Allemagne*, deuxième partie, nouvelle édition, 1884, t. I, p. 72.
2. Voir J. H. Léopold, *Ad Spinozae opera posthuma*, p. 23-37.

LE CARTÉSIANISME ET LE SPINOZISME

Une thèse qui s'est perpétuée sous des formes diverses, c'est que le spinozisme s'est formé par un prolongement logique du cartésianisme. Cette thèse, Leibniz l'a soutenue à diverses reprises dans une intention de polémique, peut-être un peu perfide, contre Descartes : «Aussi peut-on dire que Spinoza n'a fait que cultiver certaines semences de la philosophie de M. Descartes »[1]. | Plus d'une fois Leibniz insiste sur la connexion qu'il y a entre certaines thèses cartésiennes et les thèses essentielles du spinozisme. Pour avoir admis que Dieu crée par sa liberté indifférente les vérités éternelles, et par suite n'en dépend pas dans ses décrets et opérations, Descartes a introduit un Dieu qui n'a au fond ni volonté ni entendement, puisqu'il n'a pas le bien pour objet de la volonté ni le vrai pour objet de l'entendement : c'est donc quelque chose d'approchant du Dieu de Spinoza. En outre, l'exclusion des causes finales fait de Dieu une puissance aveugle, comme est la puissance du Dieu spinoziste. Enfin, en disant que la matière passe successivement par toutes les formes possibles, Descartes admet que son Dieu fait tout ce qui est faisable et se prête selon un ordre fatal à toutes les combinaisons; il va droit à la thèse spinoziste d'après laquelle de la nécessité de la nature divine doivent découler une infinité de choses infiniment modifiées; il finit donc où Spinoza commence : dans le naturalisme[2]. Ainsi les conceptions maîtresses de Spinoza apparaissent comme des conséquences exactement tirées de prémisses cartésiennes.

1. *Lettre à Nicaise*, de février 1697, *Œuvres philosophiques*, éd. Gerhardt, t. II, p. 563.

2. *Œuvres philosophiques*, éd. Gerhardt, t. IV, p. 299, p. 339-341 ; Foucher de Careil, *Leibniz, Descartes et Spinoza*, 1852, p. 207.

La même thèse est reprise, sans aucune intention de déni-grement, bien au contraire, et sous une forme plus rigoureuse, par Hegel. La philosophie de Spinoza, dit Hegel, est l'objec-tivation de la philosophie cartésienne, en tant que celle-ci a admis l'unité de la pensée et de l'être ; c'est l'objectivation de cette philosophie sous la forme de l'absolue vérité[1]. Le spinozisme est l'achèvement du cartésianisme[2]. Hegel au surplus a été conduit à cette vue par sa théorie systématique qui tient l'histoire de la philosophie pour un développement fermé de purs concepts. Encore atténue-t-il sur ce point la rigidité de sa théorie quand il déclare que la notion de l'unité, par laquelle est refoulé le dualisme de Descartes, c'est-à-dire la notion de l'identité de l'infini et du fini en Dieu, | est une importation de 210 l'esprit oriental dans la pensée européenne et cartésienne[3].

Cependant le préjugé créé par la méthode hegelienne se retrouve chez Kuno Fischer, sans les atténuations que nous avons constatées chez Hegel, avec une inflexibilité qui convient moins à un historien professionnel de la philosophie. D'après Kuno Fischer, il suffit, pour expliquer le spinozisme, du progrès que devait accomplir la pensée à partir du carté-sianisme pour surmonter les oppositions que le cartésianisme enveloppait, notamment l'opposition qu'il laissait non résolue entre la substantialité de Dieu et la substantialité des choses créées. Du moment que Dieu est affirmé comme l'unique sub-stance, l'opposition tombe ; du moment qu'est niée la réalité indépendante des êtres créés, conçus désormais comme des

---

1. *Vorlesungen über die Geschichte der Philosophie*, III, t. XV des *Œuvres complètes*, 1836, p. 372.

2. *Spinozismus ist Vollendung des Cartesianismus, ibid.*, p. 411.

3. *Spinozismus ist Vollendung des Cartesianismus*, p. 368.

modes, le dualisme cartésien est ruiné et le monisme est fondé[1].

Ces façons de faire dériver le spinozisme du cartésianisme par un simple processus logique sont beaucoup trop exclusives et même foncièrement inexactes. Laissons même la question de savoir, par exemple, si les oppositions que Kuno Fischer découvre dans le cartésianisme ne sont pas des oppositions créées en partie artificiellement et après coup pour appeler l'inévitable conciliation que représentera, suivant un progrès dialectique nécessaire, la philosophie de Spinoza. Mais peut-on vraiment admettre que cette philosophie ait eu pour raison génératrice une sorte de tendance immanente à résoudre les problèmes posés et les difficultés laissées par une philosophie antérieure? Il semble bien, au contraire, que les inspirations primitives et essentielles dont le spinozisme a procédé, d'où qu'elles soient venues à l'esprit de Spinoza, avaient une puissance interne spécifique, plus caractérisée pour s'emparer des conceptions cartésiennes et se les subordonner en les altérant que pour en être une simple dérivation ou promotion dialectique.

Assurément Spinoza a découvert chez Descartes avec une extrême sagacité tout ce qui du cartésianisme pouvait s'infléchir dans le sens de son « panthéisme »; mais les | traits essentiels et les éléments actifs de ce panthéisme, en ce qu'il a de propre, manquent totalement chez Descartes. Même quand Descartes, suivant en cela d'ailleurs la théologie chrétienne, fait entrer dans la notion de Dieu l'infinité; quand il parle de cette immensité d'essence et de cette puissance inépuisable qu'il y a en Dieu, visiblement il veut marquer par là que rien ne manque à Dieu des perfections concevables qui sont sa raison d'exister; mais il ne pose pas cette infinité comme telle qu'elle

---

1. *Geschichte der neuern Philosophie*, Jubilæumsausgabe, t. II, 1898, p. 87, p. 254.

doive comprendre tout l'être et qu'elle ne puisse souffrir d'êtres distincts d'elle. Surtout ce qu'on ne trouve pas chez Descartes, en dépit de telle de ses formules ambiguës sur le monde infini, qu'il aime mieux du reste appeler indéfini, c'est l'intuition de la nature infinie et une par elle-même. Cette intuition suffit pour distinguer à fond le panthéisme de Spinoza des tendances ou des expressions panthéistiques que l'on peut, par voie d'interprétation, trouver soit chez Descartes, soit même chez d'autres disciples de Descartes. Qu'un Malebranche, par exemple, mette en relief l'absolue puissance de Dieu; il concentrera en cette puissance toute la causalité efficace, et il niera que les substances créées puissent agir par elles-mêmes, à plus forte raison agir les unes sur les autres; mais c'est tout; il gardera du maître l'esprit idéaliste qui s'oppose à ce que les idées claires des attributs soient par elles-mêmes plus que des essences intelligibles et se réalisent d'elles-mêmes en choses; il n'aboutira pas, tant s'en faut, à la formule *natura sive Deus*, et son occasionalisme sera plutôt un antinaturalisme.

La conception spécifiquement panthéiste du spinozisme préexiste donc à la mise en œuvre des données cartésiennes, si importantes d'ailleurs que celles-ci aient été pour la constitution du système. Elle est, en outre, liée indissolublement à l'affirmation première dont tout le système a voulu être l'explication, à savoir que l'amour de Dieu, impossible sans une union nécessaire de notre être avec l'Être divin, est seul capable de nous sauver. Or cette préoccupation à la fois morale et religieuse qui anime Spinoza et qui soutient tout l'effort de sa pensée est bien loin d'intervenir chez Descartes sous cette forme et d'une façon aussi pressante. | Descartes est porté 212 surtout par une curiosité intellectuelle, qui ne dédaigne certes pas les problèmes moraux et religieux, mais qui ne les aborde pas directement et se contente de les mettre, quand elle y est invitée, à une certaine place. Par sa philosophie, Descartes veut avant tout découvrir la vérité ; il ne songe point à faire par elle son salut.

Spinoza ne s'est donc pas borné à tirer du cartésianisme les conséquences qu'il enfermait ou à surmonter les oppositions qu'il impliquait. Il a apporté des directions d'esprit et des directions d'âme très différentes qui le prédéterminaient sans doute à n'être jamais un pur cartésien ; car un pur cartésien, il ne le fut jamais en réalité, et peut-être même fut-il d'abord plus choqué qu'attiré par le cartésianisme. C'est ce que paraît bien montrer le premier des deux *Dialogues* du *Court Traité* où nous voyons Spinoza exposer directement son panthéisme et l'exposer à l'encontre du dualisme, qu'il fait professer par la *Concupiscence*, tandis que l'unité et l'infinité de la nature, proclamées par la *Raison*, satisfont à l'*Amour*[1].

L'influence de Descartes sur Spinoza serait-elle donc nulle, pour n'être pas telle qu'on l'a représentée ? Certes non ! Elle s'est exercée, dès que Spinoza a commencé à organiser véritablement sa pensée, avec une efficacité décisive, dont témoigne déjà l'ensemble du *Court Traité*. Efficacité de quelle sorte ? Là est la question. Or, si Spinoza n'a pas été uniquement une sorte de théologien à rebours, le simple docteur d'une hérésie, ou s'il a pu dépasser considérablement le niveau de ces doctrines qui sont faites avant tout d'intuitions, d'analogies, de pressentiments, s'il a pu contenter exactement son désir de ne point chercher la connaissance qui sauve hors de la science qui explique, s'il est dans toute la plénitude du mot un philosophe, et un philosophe moderne, c'est à Descartes qu'il le doit. On peut certes relever l'action de Descartes sur telle ou telle partie du système spinoziste ; mais il y a eu avant tout de Descartes une action générale et souveraine, qui s'est

1. Voir *supra*, deuxième et troisième leçons.

remarquablement | combinée avec les tendances propres de **213** l'esprit de Spinoza. Ce que du cartésianisme Spinoza a saisi avec énergie, c'est la conception d'une vérité objective pure, développable par l'entendement, radicalement exclusive de tous les éléments de subjectivité qu'introduisent les sens et l'imagination; c'est le droit qu'a l'idée claire et distincte, en tant qu'elle est la prise de possession de cette vérité, de s'imposer à tout le reste, de réduire les prétentions du sentiment et de la volonté à valoir par soi, de refouler toutes les représentations qui ne font pas assister l'intelligence à l'enchaînement des choses. Assurément, pour prendre et retenir cela du cartésianisme, Spinoza a dû négliger ou retrancher des vues cartésiennes sur le doute, l'originalité du *Cogito*, l'existence du libre arbitre, la transcendance de Dieu, sa liberté et son pouvoir créateur; il a dû, en somme, rejeter tous les éléments de conscience personnelle que le cartésianisme introduisait ou laissait subsister au sein de la pensée; en retour, la méthodologie de l'évidence, tout ce réalisme scientifique qui est si positivement opposé à l'anthropomorphisme, qui prépare le transfert en Dieu de la loi nécessaire, qui voit son triomphe dans l'explication géométrique de la nature : voilà ce qui, venant de Descartes ou aperçu de préférence en lui, a permis à Spinoza d'épurer intellectuellement ses tendances et de les convertir proprement en doctrine. Cette notion de la vérité objective pure achevait d'abolir les formes purement imaginatives des croyances juives traditionnelles, les expressions irrationnelles du néo-platonisme théologique ou naturaliste; elle servait donc à faire valoir la pensée, que l'homme ne peut pas se sauver par lui-même, qu'il n'est sauvé que par ce à quoi il adhère clairement, c'est-à-dire irrésistiblement. Ce qui était condamné, et, s'il le fallait, au nom de Descartes contre Descartes, c'était ce qui n'a son principe que dans le sujet,

c'était la prétendue foi, la prétendue volonté, la prétendue
inclination qui ne repose pas sur l'objet absolument vrai,
absolument existant.

　　S'il en est ainsi, si tel a été le genre d'action exercé par le
cartésianisme qu'il apparaît comme le principal instrument de
214　la formation du système, à titre de système, on comprend | de
quelle haute portée a été l'emploi de la méthode géométrique
dont Spinoza a emprunté l'idée à Descartes. Cette méthode
n'est pas un simple procédé d'exposition plus rigoureux
que les autres ; elle est en relation interne avec son contenu.
Hegel a, il est vrai, déclaré que la méthode géométrique, telle
que Spinoza l'a pratiquée, est celle qui convient le moins
à l'absolu : elle vaut, dit-il, dans l'ordre des connaissances
finies ; elle ne saurait exposer la vérité spéculative sur l'Être
infini, car elle se contente d'accueillir cette vérité toute
donnée, sans la justifier, dans des définitions initiales[1]. Plus
sévères peut-être que Hegel, plus soumis aux habitudes de
l'esprit empiriste ou de l'esprit criticiste, avertis davantage de
ce qu'il y a de relatif, de conventionnel ou de construit dans les
définitions géométriques, nous sommes enclins, plus encore, à
dénoncer l'inadéquation radicale d'une telle méthode à l'objet
que lui assignait Spinoza. Mais imaginons comment Spinoza
la concevait ou ce qu'il croyait avoir le droit de supposer pour
la mettre en œuvre. La notion géométrique, c'est le type de la
vérité objective qui ne dépend en rien de l'activité du sujet, qui
est exclusive de toute dénomination extrinsèque et de toute
finalité transcendante ; la production des propriétés par la
notion, c'est la création en ce qu'elle a d'intelligible ; l'enchaînement des propriétés dérivées, c'est l'enchaînement causal
en ce qu'il a de clair et de déterminé. La valeur de la démonstration géométrique, c'est donc qu'elle représente la vérité se

---

1. *Vorlesungen über die Geschichte der Philosophie*, p. 378

déduisant et s'expliquant sans aucun emprunt aux formes spécifiquement humaines de la conscience et de l'intelligence ; c'est qu'elle manifeste dans un ordre purement rationnel, inaltérable par les vues autant qu'inviolable par le vouloir de l'homme, la production des êtres par l'Être ainsi que l'union des esprits avec Dieu dans la béatitude.

INDEX DES NOTIONS

TABLE DES MATIÈRES

Achevé d'imprimer par CPI
en novembre 2015
Dépôt légal : novembre 2015
N° d'impression : 131805